UN

MINISTÈRE DE LA GUERRE

DE VINGT-QUATRE JOURS

Cet ouvrage a été déposé au ministère de l'intérieur (section de
la librairie) en octobre 1871.

PARIS. — TYPOGRAPHIE DE HENRI PLON, RUE GARANCIÈRE, 8.

UN MINISTÈRE

DE

LA GUERRE

DE VINGT-QUATRE JOURS

DU 10 AOUT AU 4 SEPTEMBRE 1870

PAR LE GÉNÉRAL COUSIN DE MONTAUBAN

C^{TE} DE PALIKAO

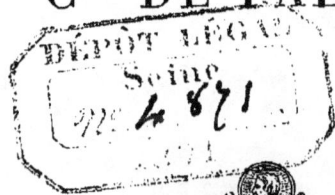

PARIS

HENRI PLON, IMPRIMEUR-ÉDITEUR

10, RUE GARANCIÈRE

—

1871

DIRECTION DE LA MARCHE DE L'ARMÉE DE CHÂLONS VERS METZ.

(Indiquée par le Ministre de la Guerre dans le conseil des Ministres.)

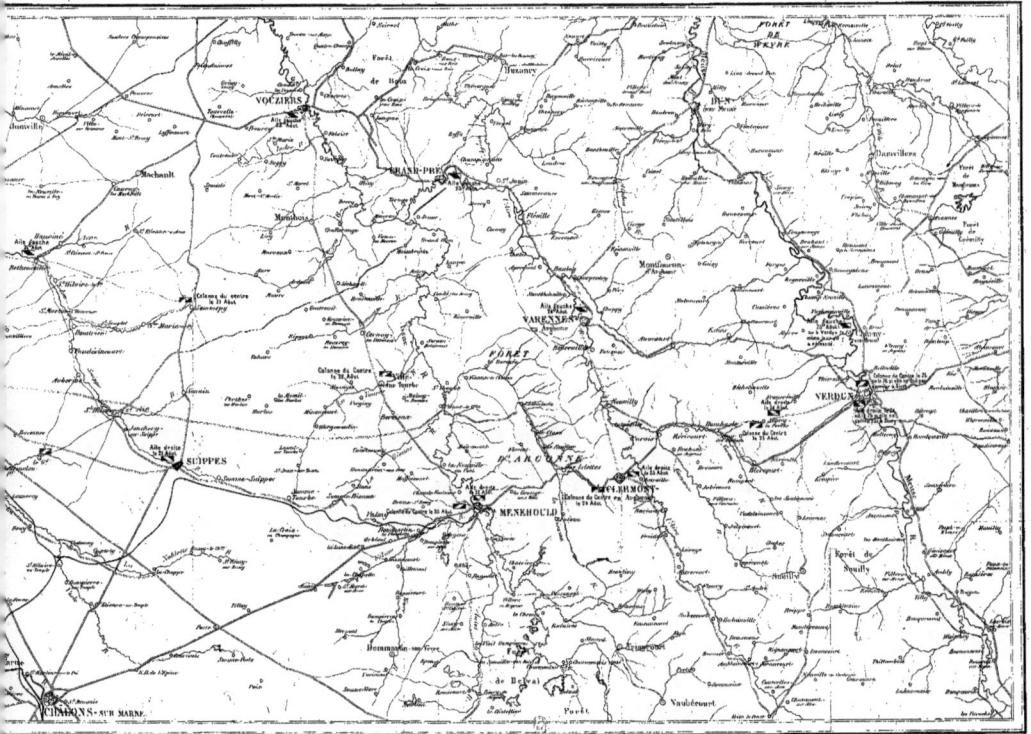

AVANT-PROPOS.

La commission d'enquête parlementaire sur les actes du gouvernement qui s'est emparé du pouvoir le 4 septembre 1870, sous le titre de Gouvernement de la défense nationale, m'ayant manifesté l'intention de recueillir mon témoignage au sujet de ce qui s'est passé à cette époque, je me suis empressé de me rendre à son désir.

Le 20 juillet dernier, j'étais à Versailles et je faisais connaître à Messieurs les députés, membres de cette commission, tout ce que je savais sur les actes de ce gouvernement.

Antérieurement déjà, une lettre relative à un discours de M. le général Trochu avait été adressée par moi le 16 juin à M. le président de la commission d'enquête.

1

Cette lettre, que je croyais confidentielle, a été publiée par plusieurs journaux.

Aujourd'hui je reçois le journal belge *le Nord*, qui, à la date du 25 juillet, reproduit un article de la *Presse* qui donne ses appréciations sur la déposition que j'ai faite le 20 juillet devant la commission.

Malgré le ton bienveillant de cette reproduction, je ne puis en accepter certaines expressions qui me paraissent manquer de justesse, et c'est ce qui me détermine à publier ma déposition, qui ne m'a pas encore été représentée par la sténographie de la commission.

Contrairement au dire du journal, je ne m'étais pas rendu au sein de la commission pour répondre à des accusations lancées contre moi : le titre de cette commission et la demande qu'elle m'a faite de mon concours pour l'éclairer répondent suffisamment à cette allégation inexacte. Je n'ai été ni accusateur ni accusé; j'ai apporté mon contingent de vérités dans tout ce qui s'est passé pendant la malheureuse crise que la France a traversée.

Il n'est pas plus exact de parler de rivalité qui

se serait produite entre M. le général Trochu et moi. J'ai expliqué dans ma lettre du 16 juin dernier la nature des relations militaires qui avaient existé entre nous, et je n'ai rien à ajouter à ce sujet. Je reproduis d'ailleurs ici ces deux pièces, l'extrait du journal et ma lettre. Quel que soit l'ennui que j'éprouve à parler de moi, il faut cependant que je prévienne de nouvelles erreurs dans le compte rendu de ma participation aux derniers événements qui ont signalé la chute de l'Empire.

Je vais donc exposer, après avoir fait appel à ma mémoire, tout ce que j'ai pu dire dans la séance du 20 juillet, en ajoutant quelques détails qui eussent été peut-être peu importants pour l'honorable assemblée.

Je n'ai pas besoin de dire que mon récit sera empreint de la modération que j'ai apportée à tous mes actes.

Voici d'abord l'article du journal *le Nord* :

« Nous trouvons dans la *Presse* les détails sui-
» vants sur la comparution de MM. Duvernois, de
» Palikao et Trochu devant la commission d'en-
» quête de l'Assemblée nationale.

» Pendant que l'on s'agite beaucoup ici autour
» des modifications ministérielles, qui, quoi qu'on
» en dise, sont loin d'être accomplies, car M. Thiers
» est très-tenace et très-dévoué à ses collaborateurs;
» pendant que l'on remplace M. Jules Favre par
» M. le duc de Broglie ou par un simple sous-secré-
» taire d'État; M. Jules Simon, par le très-esti-
» mable et très-estimé M. Barthélemy Saint-Hilaire,
» la commission d'enquête continue son œuvre si
» intéressante et si laborieuse.

» Parmi les dépositions qui ont excité l'émotion
» la plus vive, on cite surtout celles de M. Clément
» Duvernois, du général Palikao et du général
» Trochu : voici ce que j'ai pu recueillir dans les
» conversations intimes.

» Le jeune et ancien ministre de l'Empire, qui a
» toujours eu le tort d'être trop pressé, surtout
» quand il s'est présenté tout récemment aux élec-
» teurs de Paris, aurait été cette fois plus heureu-
» sement inspiré.

» Il a devancé les critiques et les interrogations;
» il a demandé, m'assure-t-on, la mise en accu-
» sation du ministère du 2 janvier, qui a si follement
» fait la guerre, du ministère du 8 août, dont il

» était membre, et qui l'a si malheureusement con-
» tinuée, et enfin du Gouvernement de la défense
» nationale, qui, selon lui, a aggravé nos dé-
» sastres.

» Je ne connais pas les détails de cette plai-
» doirie, aussi habile que véhémente; mais je
» sais qu'elle a profondément impressionné les
» membres de la commission.

» Étrange revirement! les accusés cherchent à
» se faire accusateurs!

» Appelé à s'expliquer sur les approvisionne-
» ments de Paris avant le siége, M. Clément
» Duvernois a cherché à établir qu'ils avaient été
» faits sur une très-large échelle, et dans des con-
» ditions qui permettaient une bien plus longue
» résistance.

» Les déclarations de son successeur, M. Ma-
» gnin, ont-elles affaibli la gravité de ces révé-
» lations tardives, mais pleines d'un poignant
» intérêt? Je ne saurais l'affirmer. J'aurai à re-
» venir sur celle des marchés.

» Après lui, le général Palikao, qui eut un
» moment toute la confiance du pays, de la
» Chambre et même de M. Thiers, est venu à

» son tour répondre aux accusations qui l'ont
» poursuivi.

» Avec cette parole nette et incisive, avec une
» conviction chaleureuse et émue, il a voulu expli-
» quer et justifier les derniers efforts militaires de
» l'Empire, les derniers actes de la Régence. La
» tâche était lourde et difficile.

» Les détails qu'il a donnés sur la réorganisation
» de nos armées, sur le plan de campagne qui a si
» tristement échoué, sont, paraît-il, une curieuse
» page d'histoire.

» La rivalité avec le général Trochu, l'influence
» néfaste qu'elle a exercée sur l'impulsion suivie
» par le maréchal de Mac-Mahon et le maréchal
» Bazaine, les fatales hésitations de l'Empereur,
» les angoisses de la Régente, tout cela viendrait
» éclairer, sans l'expliquer, l'ensemble de nos dé-
» sastres militaires et de nos troubles civils.

» La discrétion m'oblige à ne pas insister sur
» cette déposition. Elle a, m'assure-t-on, surpris
» les hostilités les plus vives : elle a pu atténuer les
» graves reproches politiques qu'on a adressés au
» ministre Palikao : elle ne pourra jamais expli-
» quer l'épouvantable catastrophe de Sedan.

» Quant au général Trochu, il a surtout parlé
» de lui; il a refait avec des détails plus frais et
» plus intimes ce long panégyrique qui, malgré
» son éloquence, nous avait tant fatigués à la
» Chambre : il a beaucoup critiqué plusieurs de
» ses collègues, dont il a eu le tort de ne pas se
» séparer.

» Il a justement attaqué et flétri la Commune
» naissante du 31 octobre; pourquoi ne l'a-t-il pas
» écrasée?

» Il s'est plaint de la délégation de Tours, qui se
» plaindra de lui. Il a prouvé qu'il était impossible
» de sauver Paris; il n'a point établi qu'il eût fait
» tout ce qu'il eût pu faire, avec plus d'énergie et
» de décision.

» Si j'en crois les indiscrétions, les procès-ver-
» baux de la commission d'enquête laisseront' au
» général Trochu une lourde responsabilité.

» Les hommes du 4 septembre, qui complotaient
» alors avec Rochefort et Mégy, qui préparaient
» l'invasion de la Chambre avec les gardes na-
» tionales de Belleville, auront aussi, d'après la
» déposition d'un ancien questeur, un terrible
» compte à rendre à l'histoire.

» Que deviendra cette enquête sur la guerre,
» sur les faits militaires et politiques qui ont pré-
» cédé et suivi le 4 septembre?

» Quel en est le but, quel en sera le résultat?»

Ce fut par la lecture du journal *le Nord,* dont
j'ai parlé plus haut, que je connus la publicité donnée à ma lettre du 21 juin au président de la
commission d'enquête; voici le texte même de
cette lettre.

Paris, le 21 juin 1871.

« Monsieur le Président,

» Je trouve dans le compte rendu officiel de la
séance de l'Assemblée nationale du 13 juin le discours très-étendu du général Trochu, qui me met
en cause, dans l'intérêt de sa défense relativement
aux événements du 4 septembre 1870.

» Il m'oblige, à mon grand regret, à rompre le
silence que je m'étais imposé depuis nos malheurs;
j'ai attendu pour le faire que la commission d'enquête et son président fussent nommés.

» Je ne suivrai pas le général Trochu dans la discussion stratégique qu'il a entamée sur la direction à donner à l'armée de Châlons ; M. le général Trochu doit le savoir mieux que personne, les plans que l'on caresse avec le plus d'ardeur ne réussissent pas toujours. Bientôt, par de nombreux arguments et des exemples tirés de l'histoire passée et contemporaine, je réduirai à néant tout ce qu'il a dit à ce sujet. Aujourd'hui je me bornerai à préciser les faits en contradiction avec certains détails fournis par le général.

» Je ne m'arrêterai pas à la conversation particulière que le général a pu avoir avec l'Impératrice régente, à son retour du camp de Châlons ; je ferai seulement remarquer qu'il eût été de son devoir de se rendre d'abord chez le ministre de la guerre, son chef immédiat, et par conséquent son intermédiaire hiérarchique auprès de la Régente.

» Il est vrai que le général, ayant annoncé à l'Impératrice qu'il représentait l'Empereur, a pu se croire dégagé de son devoir, et je ne viens de connaître sa visite que par le *Journal officiel* du 14 juin.

» Le général me reproche d'avoir changé d'attitude vis-à-vis de lui ; en effet, et voici pourquoi :

2

» Jusqu'au 7 décembre 1866, j'avais eu très-peu de relations avec le général Trochu; à cette époque eut lieu à Compiègne la réunion de la commission présidée par l'Empereur pour la réorganisation de l'armée.

» Le hasard nous plaça l'un près de l'autre, et souvent nos idées furent concordantes, notamment en ce qui touchait la suppression de la loi sur la dotation de l'armée.

» J'avais à cette époque la meilleure opinion du général; je l'ai manifesté plus d'une fois.

» Bientôt j'ai eu à regretter la publication d'un ouvrage dans lequel il résumait en partie plusieurs opinions émises dans la commission et la sous-commission.

» Cette divulgation de la part d'un général français n'était pas sans de graves dangers; l'événement l'a prouvé.

» Le 10 août, je fus appelé à une position que j'étais loin d'avoir ambitionnée; ainsi que tous mes collègues, je ne l'avais acceptée que par patriotisme; ce que j'avais demandé, personne ne l'ignorait, c'était un commandement actif devant l'ennemi.

» Mon premier acte, en arrivant au ministère de la guerre, fut de reconstituer une armée avec les corps isolés et par de nouvelles créations.

» Il fallait placer à la tête de ces corps d'armée des généraux capables, et mon premier choix se porta sur le général Trochu, que j'appelai au commandement du 12e corps d'armée, le premier créé.

» Avant de le désigner, je fis prier le général de se rendre au ministère, où je lui fis part de mes intentions à son égard; il en parut très-satisfait.

» Cette nomination surprit quelques personnes, en raison des sentiments politiques qu'elles supposaient au général; mais j'avais une telle confiance en sa loyauté, que, causant avec plusieurs de mes collègues, je leur disais : S'il arrivait malheur à M. le maréchal de Mac-Mahon, le général Trochu prendrait le commandement en chef de toute l'armée de Châlons, comme le plus ancien commandant de corps d'armée, et je serais tranquille.

» J'étais donc un ministre de la guerre bienveillant pour le général et disposé à utiliser ses talents militaires !

» Il revint à Paris en vertu de l'ordre dont il a donné connaissance à l'Assemblée, mais en ramenant avec lui les dix-huit bataillons de gardes mobiles du camp.

» Quelle part le général a-t-il prise au bouleversement de mes projets, je l'ignore encore.

» Je dois avouer que le retour si prompt et si peu prévu de ces bataillons fit naître dans mon esprit un sentiment fâcheux, car ils étaient un des éléments constitutifs du 12e corps d'armée à Châlons.

» Chacun sait la bravoure des enfants de Paris devant l'ennemi, et personne n'ignore les dangers que leur présence à Paris devait faire naître; de telle sorte qu'au lieu de dix-huit bataillons qui, dans un cas donné, pouvaient opérer des prodiges et décider le sort d'une bataille, le général ramenait à sa suite une phalange de révolutionnaires appelés à compliquer encore notre situation.

» En effet, quelques-uns de ces bataillons appartenaient aux plus mauvais quartiers de la capitale.

» C'était autant de moins contre l'ennemi, autant de plus contre l'ordre. Depuis, l'expérience en a

été durement faite sous les yeux du général Trochu lui-même.

» J'avais fait armer ces bataillons avec des chassepots, armes fort rares à cette époque relativement
à nos besoins, et que je n'avais voulu donner
qu'aux troupes devant combattre en rase campagne.

» J'insiste sur ce point, certain que je suis que
ces enfants de Paris en auraient fait un excellent
usage contre l'ennemi.

» J'ai la mémoire certainement aussi fidèle que
M. le général Trochu peut l'avoir; je n'ai aucun
souvenir d'avoir entamé avec lui une polémique
sur la destination à donner à l'armée de Châlons;
il a pu me parler de cette armée, mais tous ceux
qui me connaissent savent que je n'ai pas l'habitude de discuter avec mes sous-ordres (l'expression
n'est pas de moi) quand il s'agit d'affaires de commandement.

» Le général ajoute qu'il se sépara de moi dans
un état de dissentiment profond; il oublie donc
qu'il ne pouvait alors exister de dissentiment entre
nous.

» J'étais son chef, et pour qu'il comprît bien

notre position respective, je la lui rappelai au
conseil des ministres.

» Je trouvais que le gouverneur de Paris faisait de
trop fréquentes proclamations; dans l'une d'elles,
il disait aux mobiles venus du camp de Châlons
qu'ils avaient *le droit d'être à Paris et d'y rester.*

» Déjà ces troupes avaient donné la preuve de la
plus grande indiscipline au camp de Châlons, où
elles avaient proféré des cris séditieux.

» N'était-ce pas faire un nouvel appel à cette indiscipline que de reconnaître à des soldats un *autre
droit* que celui d'une obéissance passive [1]?

» A propos de cet ordre, je crus devoir lui reprocher de prendre trop souvent, en dehors du mi-

---

[1] Ces mobiles étaient tellement dangereux pour le gouvernement, que le 4 septembre il y eut une révolte au
camp de Saint-Maur, et qu'ils voulaient marcher sur Paris.
Cette révolte ne s'apaisa que lorsque le général qui les
commandait consentit à laisser partir des délégués, accom-
pagnant un de ses officiers d'ordonnance, pour aller chez
le général Trochu.

Ils prétendaient que la troupe avait tiré sur *leurs frères,*
et voulaient savoir du général Trochu lui-même si le fait
était vrai.

Ils durent attendre le général, absent en ce moment de
son hôtel. (Voir aux Pièces justificatives : Lettre du commandant du palais du gouverneur, p. 182.)

nistre de la guerre, une initiative qui ne lui
appartenait pas, et, fatigué des embarras qu'il sus-
citait chaque jour au gouvernement, je déposai
mon portefeuille, et je ne le repris que sur les
instances de mes collègues, pour continuer avec
eux la tâche ingrate qui nous incombait, et sous
la condition que le gouverneur de Paris reconnaî-
trait l'autorité du ministre de la guerre.

» Le général Trochu protesta de son dévouement
respectueux pour moi; ce furent ses propres paroles.

» Je crois devoir rectifier aussi le fait relatif
à une interpellation adressée au général par un
membre du conseil, qui lui dit qu'à tort, sans
doute, on lui prêtait des intentions peu favorables à l'Empire, et lui demanda comment il se
comporterait vis-à-vis de l'émeute si elle venait à
surgir?

» Le général répondit en entrant dans une longue
série de considérations morales ne répondant pas
à la question posée, sur laquelle on insista de
nouveau pour avoir une réponse catégorique.

» Elle fut détaillée, péremptoire, et se termina
par l'assurance positive de son dévouement à

l'Impératrice régente et au gouvernement de l'Empereur.

» M. le général Trochu se plaint de ne plus avoir eu de communications avec moi[1]; mais il ne tenait qu'à lui d'en avoir en venant au ministère, où j'étais absorbé par des occupations sans nombre.

» Quant à sa présence au conseil des ministres, il y fut appelé chaque fois qu'il se traitait une question rentrant dans ses attributions, et il y était admis chaque fois qu'il le désirait.

» Mais je dois avouer franchement qu'au milieu des affaires si urgentes qui se traitaient dans ces moments critiques, on redoutait généralement la

---

[1] Le général a-t-il donc oublié une lettre du 30 août 1870, que je retrouve dans mes documents, et qui commence par ces mots :

« Monsieur le ministre, j'ai beaucoup à vous remercier » d'avoir pensé à m'informer personnellement de la cir- » constance très-imprévue pour moi qui a motivé votre » lettre confidentielle d'hier. »

Cette même lettre se termine ainsi :

« En vous renouvelant mes remercîments *très-instants*, » je vous prie d'agréer, Monsieur le ministre, l'hommage » de mon respect. »

Pourquoi donc le général parle-t-il d'interruption de nos relations, lorsque le 30 août, quatre jours avant la révolution, il me remerciait si bien d'une communication que je lui avais faite dans son intérêt?

longueur des discours que le général entamait
avec sa grande facilité d'élocution.

» Le général parle aussi de l'état de disgrâce
dans lequel il se croyait; cependant il était président du conseil de défense, et un maréchal de
France ainsi que plusieurs généraux d'un mérite
incontestable avaient accepté la position de
simples membres de ce conseil, sans avoir cru
pour cela être en disgrâce.

» L'idée de me représenter comme lui étant hos-
tile provient certainement, chez le général, d'un
sentiment d'amour-propre blessé, car dans une
des dernières séances du Corps législatif, un député de la gauche ayant émis l'opinion que la
Chambre devait désigner un général pour prendre
le commandement, je répondis de la tribune, que
j'occupais en ce moment : « Je sais quel est le
général dont vous voulez parler. Mais je lui crois
trop d'honorabilité pour accepter ce qui serait contraire à son devoir. »

» Personne n'ignorait alors la confiance que l'extrême gauche de l'Assemblée législative accordait
au général Trochu!

» Le 3 septembre, il me semble qu'il eût été

3

mieux de la part du général de venir me trouver
pour se plaindre à moi des ordres directs que
j'avais donnés au commandant de la place de
Paris.

» J'aurais pu lui donner l'explication de cet ordre, qui n'a eu d'autre effet d'ailleurs que celui de
blesser son amour-propre, puisque, quelques
lignes plus bas, je vois dans son discours imprimé
que s'il eût été chargé de donner lui-même des
ordres, l'événement eût eu le même résultat.

» *Dans la matinée du 4, le conseil se réunit*
comme d'habitude et ne se sépara qu'à onze heures
et demie, les ministres devant se rendre à la
Chambre; il n'y avait donc auprès de l'Impératrice régente aucune des personnes que leur devoir appelait ailleurs ; tout le monde connaissait
aussi bien que le gouverneur de Paris les périls de
la situation.

» *Je quittai le dernier le Corps législatif.* J'avais
énergiquement lutté contre les émeutiers dans la
salle des Pas perdus jusqu'au dernier moment,
exposé aux brutalités d'une foule ameutée contre
moi par un député de l'extrême gauche, et je ne
fus arraché des mains de ces hommes égarés que

par M. le lieutenant-colonel Barry, mon aide de camp, et M. le capitaine de Brimont, mon officier d'ordonnance.

» Il me restait un dernier devoir à remplir, celui de me rendre auprès de l'Impératrice régente.

» Il était trois heures quand j'arrivai aux Tuileries; à cette même heure la garde quittait ses postes (par quel ordre? je l'ai toujours ignoré), et la foule avait envahi la cour et les appartements du palais; l'Impératrice était partie, personne ne savait où elle s'était retirée. Il m'était donc impossible de prendre ses ordres.

» Je rentrai au ministère vers quatre heures; la Révolution était maîtresse dans Paris par l'insurrection, toujours si coupable, mais surtout en présence de l'ennemi victorieux.

» A cinq heures je reçus la visite de M. le général Trochu, venant m'annoncer qu'il me remplaçait au ministère de la guerre; il ajouta qu'il désirait avoir mon opinion sur ce qu'il devait faire : il ne me parla pas de sa rencontre avec M. Jules Favre, non plus que de ce qu'il avait fait dans la journée.

» Je répondis au général qu'au milieu de désordres qui pouvaient entraîner les plus grands malheurs, la présence des hommes d'ordre, comme lui, ne pourrait qu'être utile.

» Il ne pouvait me demander et je ne pouvais lui donner de conseils sur ce que sa conscience pouvait lui dicter. Je ne l'ai pas revu depuis.

» Ce que dit M. le général Trochu de l'accablement douloureux dans lequel il me trouva est exact en tout point. Depuis la veille, je croyais mon fils unique tué à Sedan, et tous les pères peuvent apprécier quelle perte je croyais avoir faite !

» Le sentiment du devoir à accomplir m'avait soutenu jusqu'au dernier moment, et j'en avais donné des preuves dans les journées des 3 et 4 septembre.

» Je n'ai jamais été animé de sentiments hostiles contre M. le général Trochu ; il m'a mis en quelque sorte en demeure de contester plusieurs de ses assertions, je ne l'ai fait qu'avec le sentiment de l'appréciation la plus impartiale et la plus véridique.

» Veuillez agréer, etc. »

Je donnerai plus loin des détails plus précis

sur ce qui se passa dans cette fatale journée du
4 septembre, qui a couvert pour longtemps la
France d'un crêpe noir!

J'allais livrer mes documents à l'impression,
lorsque dans le journal *le Gaulois* du vendredi
8 septembre je trouve une lettre du prince Napoléon (Jérôme), intitulée : *la Vérité à mes
calomniateurs*, dans laquelle je remarque le passage suivant :

« Pendant que je faisais des efforts sur l'Italie
et indirectement sur l'Autriche (écrit le prince
dans cette lettre), je voulais être renseigné non-
seulement sur la situation de l'armée, mais aussi
sur celle de Paris. On sait l'influence qu'y exerçait
alors le général Trochu, gouverneur militaire;
cela me décida à lui envoyer la note suivante :
« Je suis envoyé ici par l'Empereur et le maré-
» chal Mac-Mahon pour décider l'Italie et l'Au-
» triche à faire la guerre... Mon opinion est que
» l'Italie pourrait donner cinquante mille hommes
» dans huit jours, portés à cent mille hommes
» dans quinze jours, et à cent cinquante mille

» hommes dans un mois. Je suis sans nouvelles
» précises, et je m'adresse à vous qui avez mon
» amitié et ma confiance. Dites-moi quelle est notre
» situation militaire, et donnez-moi votre avis sur
» la direction des soldats italiens, si je pouvais les
» obtenir. Faut-il les diriger par le mont Cenis,
» sur Belfort, ou par les Alpes, sur Munich? Dans
» ce cas, la permission de l'Autriche est néces-
» saire, puisqu'on passe sur son territoire... Ré-
» ponse urgente; prière de garder le secret sur
» ma note.

» NAPOLÉON (Jérôme). »

Le général Trochu me répondait le 25 août :

« Nouvelles améliorées, le maréchal Mac-Ma-
» hon s'étant rencontré et Bazaine étant ravitaillé,
» mais grande incertitude au sujet des combinai-
» sons et opérations : on les tient secrètes, s'il y
» en a.

» Il faudrait concentration sur Lyon, et de là,
» par marche perpendiculaire, menacer le flanc
» gauche de l'invasion dans la direction de Belfort
» ou de Langres.

» Des éclaireurs ennemis paraissent à Châlons
» et à Troyes. La défense de Paris marche bien.
» Respectueux dévouement.

» Général TROCHU. »

J'ai été surpris, et je ne doute pas que les ministres du 9 août l'aient été comme moi, en voyant
que des affaires politiques et militaires s'étaient
traitées secrètement entre Son Altesse Impériale
et M. le général Trochu, en dehors de la Régente
et du Conseil des ministres.

Je n'ai rien à dire sur les actes du prince, qui
était parfaitement libre de placer sa confiance
comme bon lui semblait et selon sa haute connaissance des hommes et des choses, bien que
depuis tout ce qui s'est passé il ait dû changer,
je crois, d'opinion sur bien des hommes et sur
bien des choses.

Il n'en est pas de même en ce qui touche
M. le général Trochu, qui n'avait de mission que
celle de la défense de la capitale, comme gouverneur.

Comment, après des correspondances qui
avaient pour but l'indication d'opérations mili-

taires au dehors de Paris, ce général a-t-il pu venir à la tribune de l'Assemblée nationale, le 13 mars 1871, faire le reproche au ministre de la guerre d'avoir donné directement un ordre au commandant de place de cette ville, lorsqu'il reconnaissait, comme je l'ai dit ailleurs, qu'il eût été insuffisant lui-même pour empêcher la révolution du 4 septembre 1870?

Le général a-t-il bien réfléchi à tous les graves inconvénients que pouvait entraîner, au contraire, l'indication à une armée étrangère d'une marche qui pouvait être en désaccord avec l'ensemble des opérations militaires que le Gouvernement pouvait avoir en vue!

Je ne puis me défendre d'une dernière réflexion que me suggère la lettre du prince Napoléon.

La famille impériale, dont j'ai servi le gouvernement avec le même zèle et le même dévouement que les gouvernements antérieurs de mon pays, dans les derniers événements graves, n'a employé mes services qu'au dernier moment et presque avec regret, comme on le verra dans cet écrit.

Une singulière fatalité portait cette famille à

placer sa confiance dans les hommes qui lui étaient souvent le plus hostiles.

Ainsi, lorsqu'il s'agissait dans l'un des derniers conseils des ministres, avant le 4 septembre, de désigner trois députés pour faire partie du nouveau conseil du gouvernement, la pensée vint un instant à la Régente, trop confiante dans la loyauté des hommes, de faire figurer un nom parmi ceux de ces trois membres du Corps législatif : c'était celui d'un homme qui, le 21 décembre 1870, au mépris de son serment de député, se vantait, dans une assemblée populaire à Nantes, d'être venu à Paris, trois semaines avant la Révolution, pour renverser l'Empire et proclamer la République!

L'on a dû réfléchir depuis, et reconnaître quels étaient les hommes qui méritaient le plus de confiance et remplissaient le plus consciencieusement leurs devoirs envers leur pays et envers le Gouvernement!

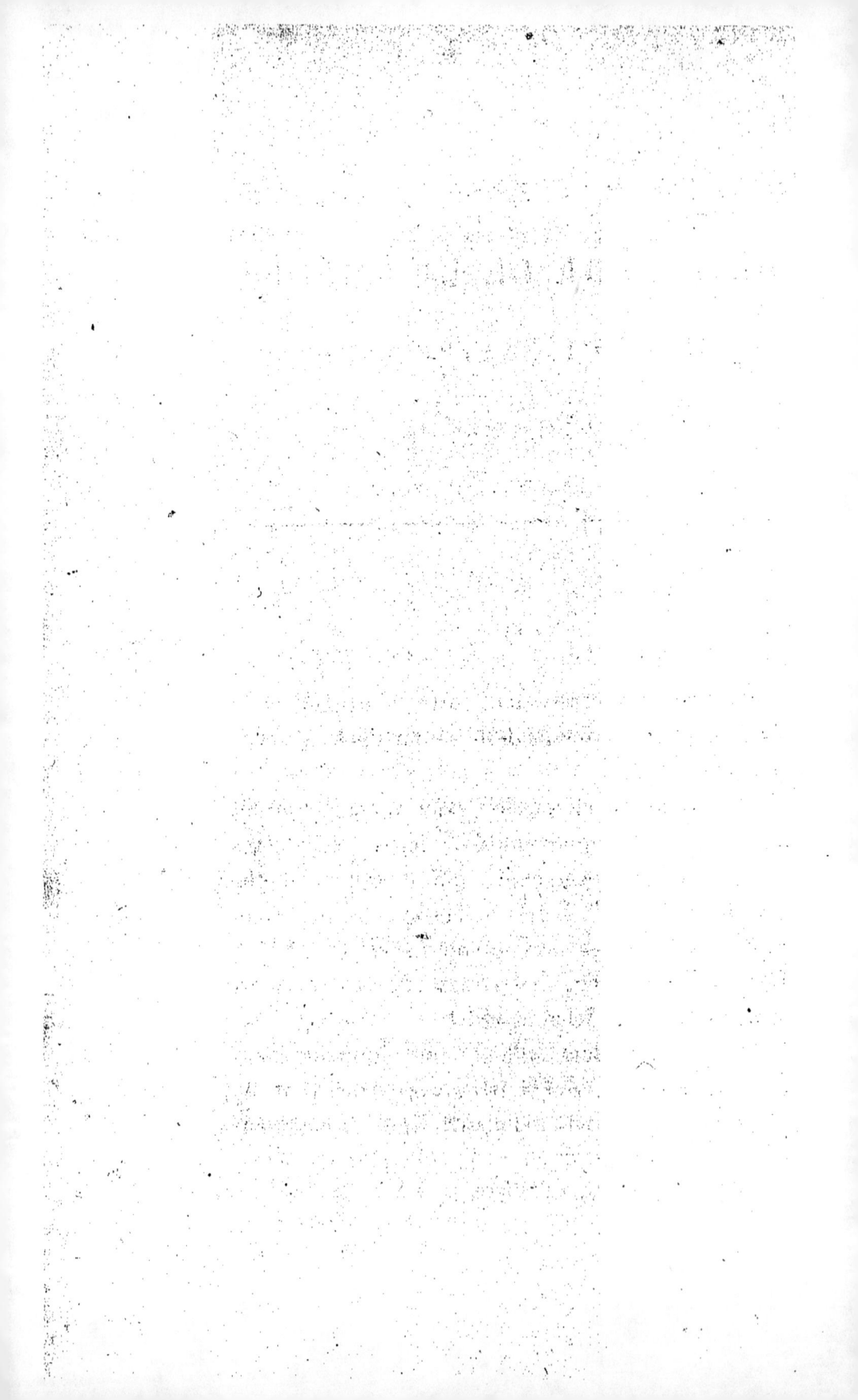

UN

MINISTÈRE DE LA GUERRE

DE VINGT-QUATRE JOURS

DU 10 AOUT AU 4 SEPTEMBRE 1870

I

Lorsque la guerre éclata entre la France et la Prusse, je commandais depuis cinq ans le 4ᵉ corps d'armée à Lyon.

Je n'ajouterai aucune réflexion à celles qui ont été faites sur l'inopportunité de cette guerre, dans laquelle le gouvernement, qui n'était pas suffisamment préparé, a été entraîné par le sentiment public, et dont les conséquences sont devenues si fatales à la France, malgré les efforts courageux des ministres du 10 août 1870.

J'avais vainement sollicité un commandement actif à l'armée[1], par lettres adressées tant au ministre de la guerre d'abord, que directement

---

[1] Voir aux Pièces justificatives, page 177.

ensuite à l'Empereur; n'ayant pu l'obtenir, je dus me résigner à rester spectateur des faits de guerre qui allaient se produire.

Il ne m'appartient pas de rechercher la cause du refus de mes services; je laisse à l'opinion publique, qui m'avait constamment désigné pour un commandement important, le soin d'éclaircir ce fait.

Ce ne fut pas sans un sentiment douloureux que je vis la marche suivie pour la préparation à la guerre et les premières opérations militaires, dont je prévis les fâcheuses conséquences.

Au nombre des fautes commises antérieurement, fut celle de la formation incomplète, comme corps d'armée actifs, des grands commandements de Lille, Nancy, Tours et Toulouse, ainsi que la dislocation, au moment de la guerre, de ceux de Paris et de Lyon.

Déjà le grand commandement de Toulouse avait été supprimé de fait, et ceux de Nancy et de Tours étaient menacés dans leur existence.

Je crois nécessaire de donner ici quelques détails sur le fonctionnement en France de ces grands commandements, dont l'organisation permanente en Prusse assure en même temps la tranquillité à l'intérieur et la mobilisation la plus prompte en cas de guerre extérieure.

GRANDS COMMANDEMENTS.

Les grands commandements en France étaient au nombre de six, et un septième en Algérie.

Le 1er, quartier général à Paris, comprenait deux divisions territoriales, 1re et 2e, douze départements, trois divisions actives d'infanterie, une de cavalerie.

Le 2e, quartier général à Lille, était composé des 3e et 4e divisions territoriales, six départements.

Le 3e, quartier général à Nancy, comprenait les 5e, 6e et 7e divisions territoriales et dix départements.

Le 4e, quartier général à Lyon, était composé des 8e, 9e, 10e, 17e, 20e et 22e divisions territoriales, de trois divisions actives d'infanterie, d'une division de cavalerie, et vingt-quatre départements; il était le plus considérable.

Le 5e, quartier général à Tours, se composait des 15e, 16e, 11e, 19e et 28e divisions territoriales, et vingt et un départements.

Le 6e, quartier général à Toulouse, comprenait les
    11e, 12e, 13e et 14e divisions territoriales
    et seize départements.

Le 7e, quartier général à Alger, composé de l'ar-
    mée d'Afrique.

La garde impériale forma un corps à part,
comme réserve de l'armée.

L'importance de ces grands commandements,
créés par décret impérial du 6 février 1858, ressort de la circulaire du 7 septembre 1859, adressée
par le ministre de la guerre aux titulaires de ces
commandements. Voici les extraits principaux de
cette lettre :

« La mission dont la confiance de l'Empereur
» vous a investi est à la fois militaire et politique,
» au point de vue de l'ordre public.

» Au point de vue militaire, vos droits comme
» vos devoirs sont ceux d'un général commandant
» un corps d'armée ; les généraux, les états-majors,
» les corps de troupes, le personnel et le matériel
» des services administratifs, les arsenaux et tous
» les établissements dépendant du département de
» la guerre, sont soumis à votre surveillance et res-
» sentent votre impulsion. Seulement, pour main-
» tenir l'ordre général dans l'Empire, et ne pas
» troubler l'ensemble par la recherche d'amé-

» liorations de détail, il est nécessaire que vous
» ne fassiez pas de changement au système mili-
» taire de votre arrondissement sans en référer au
» ministre.

» Dans les cas d'urgence, que Votre Excel-
» lence appréciera, vous n'aurez naturellement
» à prendre conseil que de votre prudence et de
» votre responsabilité et à informer le ministre;
» mais dans les circonstances ordinaires, je vous
» prie de me communiquer préalablement vos
» observations.

» Vos appréciations auront toujours un grand
» poids, d'autant plus que, du point élevé qu'elle
» occupe, Votre Excellence sera parfaitement dé-
» gagée des influences personnelles et locales.

» Éclairé par des rapports, le ministre sera
» instruit de faits qui, jusqu'ici, n'arrivaient à sa
» connaissance qu'imparfaitement et d'une ma-
» nière indirecte; il saura mieux comment s'ac-
» quittent de leurs devoirs les officiers généraux
» eux-mêmes et leurs états-majors; comment le
» service territorial est organisé, comment il fonc-
» tionne et quelle influence il exerce sur les troupes,
» soit pour leur discipline, soit pour leur adminis-
» tration, soit pour leur instruction.

» Comme résultat de cette surveillance continue,
» je vous prie de m'adresser, chaque fois que vous
» le jugerez utile, des lettres entièrement confi-

» dentielles, dans lesquelles seront appréciées les
» qualités des officiers généraux sous vos ordres,
» et où vous indiquerez, s'il y avait lieu, les récom-
» penses ou les honneurs dont ils vous paraîtraient
» dignes.

» C'est en s'appliquant ainsi aux choses d'en-
» semble, en contrôlant l'action des pouvoirs diri-
» geants, et en tenant dans sa main tous les ressorts
» de la force militaire, que votre haute influence
» se fera sentir avec tout l'éclat convenable et toute
» l'utilité possible.

» Au point de vue politique, votre rôle est natu-
» rellement moins étendu, bien que vos rapports
» trimestriels ne doivent rester fermés à aucune
» considération qui vous paraîtrait utile.

» Bien que les procureurs généraux et les pré-
» fets vous doivent des rapports sur la situation du
» pays, néanmoins votre vigilance sera ici moins
» encore occupée des détails que pour les choses
» militaires. Étudier et suivre l'esprit public dans
» ses mouvements, rechercher et faire connaître
» les causes de ses ondulations; contribuer par
» votre ascendant personnel et par vos actes à
» l'éclairer quand il s'aveugle, à le redresser quand
» il s'égare, à le calmer quand il se trouble, tel est
» le rôle capital qui vous appartient.

» C'est pour cela qu'une grande position, supé-
» rieure à tous les pouvoirs locaux, vous a été

» faite; c'est pour cela que l'Empereur n'a pas
» voulu vous conférer seulement le titre de chef
» d'armée.

» *Signé* : RANDON. »

La création des grands commandements en
France semblait indiquer, de la part du gouvernement, l'intention de se rapprocher de l'organisation militaire de la Prusse et de la Russie, dont
le but est d'avoir toujours prêtes à entrer en
campagne, comme je l'ai dit, des armées d'une
mobilisation prompte, ayant un esprit militaire
développé, et sous les ordres de généraux habitués
à les commander.

Malheureusement il n'en fut pas ainsi, et la
création des grands commandements en France
me paraît avoir été modifiée sous la préoccupation
de ces fatales éventualités politiques qui semblent
jouir dans notre malheureux pays d'une triste
périodicité !

Nous avions cependant sous les yeux l'exemple de l'Autriche; celle-ci, après avoir eu, avant
1859, une organisation en corps d'armée semblable à celle de la Prusse, avait adopté, depuis,
notre système de dissémination des troupes dans
tout l'empire.

Elle ajouta à cette faute celle de conserver
l'immobilité des dépôts; aussi fut-elle surprise et

5

devancée dans la guerre de 1866, comme nous
l'avons été en 1870.

Nos corps d'armée ne furent, en réalité, constitués militairement qu'à Paris, à Lyon et en
Algérie.

Il en résulta qu'au moment d'entrer en lutte
avec une puissance prête depuis longtemps, il
fallut diviser les troupes faisant partie des grands
commandements, et les répartir dans de nouveaux
corps d'armée actifs, sous de nouveaux chefs
qu'elles connaissaient à peine, et dont, pour la
plupart, elles étaient peu connues.

J'avais compris d'une tout autre façon le grand
commandement qui m'était confié, et je m'étais
attaché surtout à l'idée qu'il ne devait pas être
divisé en cas de guerre.

Tous les officiers qui ont fait partie du quatrième corps d'armée doivent se rappeler que,
pendant le temps des grandes manœuvres, chaque
jour et dès le grand matin je faisais exercer les
troupes par brigades et par divisions, avec toutes
les armes réunies.

J'étais toujours le premier sur le grand camp,
près de la ville; et, sous mes yeux, chaque général de division commandait à son tour les grandes
manœuvres.

Après les généraux de division les généraux de
brigade, et enfin chacun des officiers, depuis le

colonel jusqu'aux sous-officiers inclus, commandait dans la position du grade supérieur à
celui qu'il occupait en réalité.

Ces manœuvres avaient lieu chaque jour et al-
ternativement par portions de corps, qui, réunies,
formaient un simulacre de corps d'armée.

Le terrain du grand camp, à Lyon, n'avait
qu'une surface de quatre-vingt-cinq hectares, in-
suffisante pour exécuter des manœuvres dont le
déploiement des troupes aurait exigé au moins une
largeur égale à la longueur; celle-ci était de quinze
cents mètres, et la largeur de cinq cent cinquante
mètres.

J'avais demandé à plusieurs reprises que l'État
fît l'acquisition des terrains contigus, qui n'avaient
pas alors une grande valeur; mais le système
d'économie appliqué surtout à tous les besoins de
l'armée, avait laissé mes propositions sans résultat : aujourd'hui tous ces terrains, qui auraient
doublé la surface du champ de manœuvre, ont
augmenté de prix par l'établissement de l'hippo-
drome de la ville, qui en absorbe une partie.

J'exigeais que le général commandant chaque
manœuvre me fît un croquis au crayon de la manœuvre et m'en expliquât le but, en le rattachant
à une opération militaire.

Indépendamment de ces exercices pratiques des
manœuvres, je faisais jeter des ponts soit sur la

Saône, soit sur le Rhône même, par le service des
pontonniers, et j'assistais aux tirs de l'artillerie,
dont j'ai encouragé par plus d'une récompense
les bons pointeurs.

J'exigeais que tous les officiers d'infanterie pris-
sent des leçons d'équitation au manége de la cavalerie. MM. les officiers instructeurs de cette
dernière arme mettaient à instruire leurs camarades un zèle que j'ai loué en plus d'une occasion.

Cet exercice ne plaisait pas à tous les officiers
d'infanterie; mais si quelques-uns se sont plaints
de ce qu'ils appelaient *une manie* de ma part,
combien d'autres ont profité de la persistance que
j'ai mise à leur instruction à cheval et doivent s'en
féliciter aujourd'hui!

Tous les deux ans, j'ai fait faire, à Lyon, un
simulacre du siége de l'un des forts, afin d'habi-
tuer les officiers et la troupe aux travaux que né-
cessitent l'attaque et la défense des places.

Le ministre de la guerre, maréchal Niel, avait
ordonné à toutes les troupes le creusement de
tranchées qui pouvaient, dans un cas urgent,
couvrir jusqu'à un certain point le soldat dans un
court espace de temps.

Ce travail fut exécuté, et je considère que désormais ces tranchées, faites sur une plus grande
échelle, deviendront indispensables en présence
des armes à si longue portée et à tir rapide. Il

serait à désirer que l'on donnât suite à cette idée
du maréchal Niel, dont la mort a été un véritable
malheur pour la France!

Ces grands commandements offraient encore
un avantage sous le point de vue du classement
des officiers proposés pour l'avancement aux
grades supérieurs.

Chaque année, les chefs des grands commandements se réunissaient sous la présidence du
plus ancien maréchal de France, et dans cette
haute assemblée, les titres de chacun des candidats étaient discutés d'après les notes four-
nies par le ministère pendant les cinq dernières
années, et d'après la connaissance que chaque
commandant de corps d'armée devait avoir des
candidats qu'il présentait.

Deux mois avant la réunion du conseil, je faisais venir au quartier général tous les candidats
proposés par MM. les généraux de division, inspecteurs généraux, et je les interrogeais moi-
même sur toute espèce de matière militaire. Je
puis dire, et je ne doute pas que chacun de ceux
que j'ai interrogés et proposés ne me rende cette
justice, que j'ai mis le plus grand soin et la plus
sévère impartialité dans les choix que j'ai faits.

Cette méthode de classement des officiers supérieurs de l'armée a été le sujet de quelques récriminations de la part de MM. les généraux de di-

vision inspecteurs généraux, qui revendiquaient le droit de classement des officiers supérieurs, comme ils avaient celui du classement de MM. les officiers aux grades inférieurs.

Cette méthode avait cependant plusieurs avantages essentiels :

D'abord MM. les inspecteurs généraux avaient conservé le droit de proposition aux grades supérieurs, et le choix de chef de corps d'armée était limité par l'obligation de ne pas prendre de candidats en dehors de ceux présentés par les inspecteurs généraux.

Il y avait, en second lieu, une garantie de plus, puisque, indépendamment du choix de l'inspecteur général, il y avait encore celui du chef du grand commandement. Or, ce chef supérieur avait eu ordinairement pendant plusieurs années le candidat sous ses ordres, et connaissait plus particulièrement sa conduite privée et ses relations de société.

Je ne pense pas que jamais il ait existé un comité plus juste appréciateur du mérite des officiers, dont la position lui était soumise.

Il y avait, pour le ministre de la guerre aussi bien que pour les candidats, une grande garantie contre les sollicitations dans le classement arrêté par le haut comité des chefs de corps d'armée.

Chaque candidat avait son numéro de mérite,

et jamais il ne fut dérogé, pour les nominations, au rang qui lui était assigné pendant tout le cours d'une inspection générale à l'inspection générale de l'année suivante.

L'avancement aux grades supérieurs ainsi établi, chaque officier supérieur pouvait à peu près calculer son avancement personnel en temps de paix, et les ambitions hâtives étaient refrénées par le tableau d'avancement, toujours connu dans l'armée dès qu'il avait été arrêté par le comité des commandants des corps d'armée.

Depuis longtemps déjà un certain nombre de députés au Corps législatif ayant prêché, par mesure d'économie ou par des motifs politiques, l'abandon du système des armées permanentes, quelque découragement s'était introduit dans l'armée.

Une dernière mesure, prise peu de temps avant la guerre, la diminution de 10,000 hommes sur le contingent annuel, avait augmenté cet abandon de l'esprit militaire, et témoignait que le gouvernement ne croyait pas que la guerre fût si prochaine.

Ce qui me confirme dans cette pensée, ce fut l'application, bien à tort selon moi, du plébiscite dans l'armée.

Le résultat de cet acte politique, si dangereux

pour l'esprit des soldats, dont la discipline en a été atteinte, a eu le grave inconvénient de faire ressortir aux yeux des puissances étrangères que le chiffre total des hommes présents sous les armes n'était que de 250,000 hommes.

Si de ce nombre l'on retranche tout ce qui ne combattait pas dans le rang, ce chiffre se trouvait encore réduit.

Je ne parle pas des réserves appelées trop tardivement, par suite de la confiance du gouvernement dans la durée de la paix ; il fallait les armer, les habiller, les équiper, en un mot, les organiser, et, pour tout cela, le temps manquait.

Le ministre de la guerre, nommé major général de l'armée, ne pouvait s'occuper de loin de tous ces détails, et le général Dejean, ministre intérimaire, malgré toute son activité, ne pouvait pas prendre l'initiative des mesures que son habileté et sa capacité auraient certainement menées à bonne fin.

Il y aurait beaucoup à dire sur les défauts de notre système de recrutement, aujourd'hui que les chemins de fer ont rendu si prompte la mobilisation des armées ! Espérons que cette importante question, en ce moment à l'étude, recevra de l'Assemblée nationale une solution en rapport avec les principes de la stratégie et de la tactique nouvelles. Je crois cependant que la loi de 1832, avec certaines modifications, est appelée à résoudre le problème qui se rattache surtout à la constitution politique et industrielle de la France.

L'artillerie avait pour principal engin, sur lequel on paraissait compter le plus, le canon à balles ou mitrailleuse; mais elle n'avait pas été exercée à l'emploi de cette machine de guerre, que l'on avait tenue très-secrète.

Cependant cette invention avait été divulguée depuis quelque temps déjà par les sieurs Montigny et Christophe, créateurs du mitrailleur belge, qui n'offre pas de différence sensible avec la mitrailleuse de Meudon.

Nos artilleurs, dont le personnel était très-restreint, durent se servir tout d'abord, sur les champs de bataille, de ces armes nouvelles, sans en avoir aucune pratique; elles n'avaient été livrées aux batteries qu'au moment d'entrer en campagne.

Les canons se chargeant par la culasse étaient et sont encore repoussés par plusieurs de nos généraux d'artillerie : nous étions donc, à mon avis, et contrairement à celui de ces officiers généraux, sous ce rapport, vis-à-vis de l'artillerie prussienne, dans un degré d'infériorité que ne pouvait compenser la supériorité du chassepot sur le fusil à aiguille.

Cette infériorité fut constatée par le système de guerre qui permit aux Prussiens de s'abriter dans des lieux couverts, et de nous écraser par des projectiles lancés par des canons à plus longue portée que les nôtres et à feu plus rapide.

Notre cavalerie, ne nous éclairant qu'à de courtes distances et n'étant pas assez nombreuse pour couvrir nos fronts et former un réseau continu en avant de nos armées, permit à l'ennemi ces surprises trop souvent répétées !

Toutes ces causes de notre affaiblissement en présence d'une puissance guerrière et ambitieuse qui travaillait depuis plus de cinquante ans à la solide organisation militaire qu'elle possède, qui avait ses armées prêtes, et sous le commandement de ses chefs habituels, à laquelle des succès récents donnaient une confiance sans bornes, ces causes, dis-je, auraient dû nous ouvrir les yeux et exiger de notre part des préparatifs en rapport avec l'imminence des dangers qui nous menaçaient.

Des avertissements sérieux nous avaient été donnés. Le général Bourbaki, envoyé en Prusse, il y a quelques années, pour suivre les manœuvres d'un camp d'instruction, en avait rapporté, avec son sentiment militaire élevé, une haute idée de l'armée prussienne, et l'avait répandue parmi nous.

Plus récemment, les rapports du baron Stoffel, envoyé militaire en Prusse, ont confirmé toutes les appréciations les plus favorables sur l'organisation militaire de cette puissance.

Les échecs de Wissembourg et de Reichshofen ne vinrent que trop tôt réaliser les tristes pressentiments qui assiégeaient ma pensée.

II

Je méditais dans l'oubli sur les premiers revers de ma patrie, lorsque je fus tiré subitement
de mon inactivité, le 9 août, par une dépêche
télégraphique ainsi conçue :

« Sa Majesté l'Impératrice vous appelle de suite
» à Paris ; un train express est mis à Lyon à votre
» disposition.

» *Signé* : Émile OLLIVIER. »

Il était dix heures du soir lorsque je reçus cette
dépêche ; me préparer à partir pour Paris fut l'affaire d'une heure, et le lendemain, à neuf heures
du matin, j'étais aux Tuileries.

J'avais espéré que, conformément à mes demandes antérieures, un commandement militaire
actif allait enfin m'être confié ; mais mon étonnement fut grand lorsque, m'étant présenté à l'Impératrice au milieu du conseil des ministres, Sa
Majesté me proposa, comme acte de dévouement, d'accepter le portefeuille de la guerre.

Il paraît que l'on avait d'abord pensé au général Trochu pour ce poste, et qu'une commission

de membres du Corps législatif l'avait proposé à l'Impératrice.

M. le général Trochu avait mis à son acceptation de telles conditions, que la députation du Corps législatif elle-même avait reconnu l'impossibilité de son choix.

Ce fut alors que plusieurs députés mirent mon nom en avant, et que je fus mandé à Paris.

J'étais loin de m'attendre à la proposition qui me fut faite; je voulais la décliner, et j'objectai d'abord que je n'étais pas orateur, et que dans les graves circonstances du moment il faudrait, plutôt qu'un homme d'action comme moi, un ministre éloquent qui pût lutter dans la Chambre des députés contre une opposition à laquelle les événements récents donneraient matière à récriminations.

Plusieurs des ministres présents, et particulièrement le ministre de la marine, insistèrent sur mon acceptation, en faisant appel à mon patriotisme.

Je ne me faisais aucune illusion sur les difficultés de la position qui m'était offerte; mais le dévouement à la France, si souvent et si hautement proclamé à la tribune par l'opposition dans la Chambre des députés, me donna la confiance que toutes les divergences d'opinions s'effaceraient devant la situation compromise de la patrie commune, et j'acceptai.

Cette confiance fut telle que, malgré les paroles injurieuses pour l'armée, prononcées par M. Jules Favre dans la séance du Corps législatif, le 24 août 1870 (*Journal officiel* du 25), je persistai dans l'opinion que le patriotisme l'emporterait sur l'esprit de parti.

Je me contentai de répondre très-vivement de ma place à l'orateur, qui venait de prononcer cette phrase si malencontreuse :

« Je disais tout à l'heure que depuis que la » Chambre est assemblée, la politique semble » avoir subi une direction singulière ; il n'en est plus « question : de telle sorte que la nation française » ne sait pas pourquoi elle va mourir. »

(Vives et nombreuses réclamations. A l'ordre ! à l'ordre ! Agitation. Plusieurs membres se lèvent et interpellent l'orateur.)

« M. LE MINISTRE DE L'INTÉRIEUR : Nous armons » le pays, et vous le désarmez par vos paroles. » (Oui, oui, c'est vrai !)

« M. LE MINISTRE DE LA GUERRE : Ne découragez » pas l'armée ! »

Ce que la sténographie, au milieu du tumulte, n'a pas entendu, et ce que j'ai cependant dit d'un ton très-animé, *c'est qu'un ministre de la guerre français ne pouvait entendre de pareilles paroles.*

Je quittai le banc des ministres, et je sortis de la salle, très-ému de ce que je venais d'entendre.

Il paraît que ma sortie, un peu vive, excita quelques craintes parmi les amis de M. Jules Favre, car au moment où j'entrais dans la salle des Pas perdus, un jeune député de la gauche, M. Bethmont, me rejoignit.

Cet honorable député, pour lequel, malgré la divergence de nos opinions, j'ai conservé beaucoup de sympathie, me demanda s'il était vrai que j'allais faire arrêter M. Jules Favre.

. Je lui répondis que je ne pensais nullement à faire un tel acte; que le ministère du 9 août n'était pas un ministère de coups d'État, mais qu'il ferait bien d'engager M. Jules Favre à modérer son langage, en présence des circonstances graves dans lesquelles nous nous trouvions.

Si je rappelle ce fait, c'est pour enlever aux hommes du 4 septembre jusqu'à l'apparence du prétexte qu'ils ont cherché à mettre en avant, à savoir, qu'ils ont voulu prévenir le coup d'État que l'on devait diriger contre eux.

Jamais dans le conseil des ministres, ni ailleurs, que je sache, il n'a été question de coup d'État!

Mes honorables collègues et moi, pouvions-nous supposer que, l'ennemi aux portes de la capitale, il se trouverait des hommes capables de

lui faciliter par une révolution coupable la perte
complète de la France!

Ils se sont cependant trouvés, ces hommes, dont
quelques-uns ont déjà expié les fautes de leur
fatale ambition, en attendant que la postérité
imprime sur tous leurs noms le sceau de la
réprobation!

J'étais destiné à subir de nouvelles épreuves :
dans le conseil qui eut lieu immédiatement après
mon acceptation, M. Émile Ollivier déclara, avec
une loyauté que je dois constater, que le ministère qu'il présidait avait perdu la confiance du
pays, et qu'il devait se retirer tout entier, pour
ne pas faire rejaillir sur moi une partie de son
impopularité.

Cette proposition ayant reçu la sanction du
conseil des ministres, et l'Impératrice régente
ayant accepté la démission de tous les ministres,
je restai seul chargé de constituer un nouveau
ministère.

Cette mission devenait d'autant plus difficile
pour moi, que je devais la remplir en présence
d'un avenir chargé de gros nuages, et dans un
moment où l'Empire était déjà ébranlé.

Je n'avais jamais été un homme politique, mais
je compris que le pays ne pourrait être sauvé que
par les efforts réunis des conservateurs, pris dans
toutes les nuances politiques de la Chambre : je

composai donc, avec l'assentiment de l'Impératrice régente, un ministère libéral dont les membres furent :

Ministre de la guerre : Comte de Palikao, général de division, sénateur.

Ministre de l'intérieur : Henri Chevreau, sénateur, préfet de la Seine.

Ministre des finances : Magne, sénateur.

Garde des sceaux, ministre de la justice : Grandperret, conseiller d'État, procureur général près la Cour impériale de Paris.

Ministre des affaires étrangères : le prince de la Tour d'Auvergne, sénateur, ambassadeur en Autriche.

Ministre de la marine et des colonies : Rigault de Genouilly, sénateur.

Ministre de l'instruction publique : Jules Brame, député au Corps législatif.

Ministre des travaux publics : baron Jérôme David, vice-président du Corps législatif.

Ministre de l'agriculture et du commerce : Clément Duvernois, député au Corps législatif.

Ministre présidant le Conseil d'État : Busson-Billaut, vice-président du Corps législatif.

7

Ces noms représentaient au plus haut degré le maintien de l'ordre avec énergie et le dévouement le plus absolu aux intérêts du pays.

La liste fut acceptée avec faveur par la grande majorité de la Chambre, et aucun nom ne souleva d'objection; j'ajoute que je fus très-flatté de voir le mien accueilli avec applaudissement par M. Thiers, aujourd'hui président du Gouvernement.

J'entrai en fonctions, comme ministre de la guerre et chef du cabinet, le 10 août; les décrets sont datés du 9 au soir.

Je tiens essentiellement à bien fixer cette date de mon entrée aux affaires, ne voulant être responsable, pour ma part, que de ce qui a été fait depuis cette époque jusqu'au 4 septembre, c'est-à-dire dans l'espace de vingt-quatre jours.

Je tiens aussi à relever un fait, rapporté très-inexactement par quelques journaux, au sujet de la démission, comme gouverneur de Paris, de M. le maréchal Baraguey-d'Hilliers.

Je venais de proclamer au Corps législatif les noms des nouveaux ministres, lorsqu'en sortant je rencontrai Son Excellence le maréchal.

Je l'abordai avec une respectueuse déférence, comme d'habitude, et sa première parole fut pour me dire : « Mon cher général, vous vous êtes

» chargé d'une grosse corvée, et quant à moi, je
» voudrais bien être déchargé de celle que j'ai en
» ce moment. »

Je répondis au maréchal qu'ayant toujours cherché à lui être agréable, je m'empresserais de faire
part de son désir à l'Impératrice régente; c'est ce
que je fis.

Il ne pouvait entrer dans mon esprit de faire une
chose désagréable au maréchal, qui, malgré sa
réputation de grande sévérité, avait toujours été
très-bienveillant pour moi, alors que j'avais servi
sous ses ordres, soit à Constantine, soit à Limoges,
lorsque je commandais la 21ᵉ division militaire,
soit en dernier lieu à Paris, dans le comité des
chefs des grands commandements dont il était
président.

Je savais combien peu le maréchal, depuis quelque temps, tenait aux dignités, et je n'ai pas douté
un instant que j'entrais dans ses vues en faisant
donner suite à ses désirs.

Veut-on savoir dans quelles conditions j'avais
accepté cette tâche, dont il m'a été tenu si peu
compte, et que le maréchal Baraguey-d'Hilliers
qualifiait avec tant de justesse de *grosse corvée?*

Je ne puis mieux en faire connaître les difficultés qu'en publiant ici la lettre que m'écrivait, dès
le 10 août, six heures du matin, l'un des officiers
généraux les plus distingués de l'armée.

Cette lettre, à laquelle je ne change pas un mot, est l'expression vraie de la situation au moment où elle fut écrite et le jour même où j'entrai en fonctions comme ministre de la guerre.

« Mon général, j'arrive à Lunéville, et l'on me » dit que le ministère a donné sa démission et que » c'est vous que l'Impératrice charge de la forma- » tion d'un nouveau ministère.

» Je ne veux pas, mon général, perdre de temps » à vous en faire des compliments; vous devez dé- » sirer dans ce moment des paroles plus sérieuses; » mais je veux vous dire que cette nouvelle m'a » causé une vraie joie.

» Ce qu'il faut à notre pays pour sortir de cette » terrible crise, c'est une tête, un cœur et un » bras.

» Le bras c'est l'armée, et je vous réponds que » malgré ses échecs il est toujours vigoureux; le » cœur, il est chez tous, depuis le plus petit jus- » qu'au plus grand; la tête, ce sera vous.

» Il est impossible que celui qui a accompli en » Chine une expédition si merveilleuse, avec au- » tant de facilité que s'il n'y eût eu ni distances » ni obstacles, ne trouve pas remède à notre » mal.

» Mais j'ai pensé de suite que vous aviez besoin » d'être complétement éclairé sur des choses que

» l'on ne voit bien que quand on est sur les lieux,
» et de suite je viens vous raconter mes impres-
» sions, que je vous donne comme étant celles de
» *tout le monde.*

» Quand vous connaîtrez nos points faibles, il
» vous sera moins difficile de les renforcer.

» Je vous écris à bâtons rompus, sans ordre, et
» à mesure que mes souvenirs me rappellent les
» faits.

» Dès mon arrivée à Strasbourg, il y a environ
» douze jours, j'ai été frappé de l'insuffisance de
» l'administration et de l'artillerie.

» Dans les magasins, pas de bidons, gamelles
» ou marmites; pas de cantines d'ambulance ni
» de bâts; pas d'ambulances enfin, ni pour les di-
» visions ni pour les corps d'armée. Jusqu'au 7, il
» était presque impossible de se procurer un caco-
» let pour transporter un blessé; le 7, des milliers
» de blessés seront restés entre les mains de l'en-
» nemi, rien n'étant préparé pour les transporter.

» Depuis mon arrivée à Strasbourg, je n'ai ja-
» mais vu un jour de distributions régulières pour
» les hommes ou pour les chevaux. Depuis le 7, on
» manque absolument de tout, ce qui fait que notre
» retraite ressemble à une vraie déroute.

» Je ne puis pas affirmer que l'organisation de
» l'intendance soit mauvaise, que son esprit soit

» vicieux, que le contrôle du commandement sur
» l'administration ne soit pas efficace; mais ce que
» j'affirme, c'est que ce corps est absolument in-
» suffisant pour les besoins d'une armée en cam-
» pagne.

» Si nos soldats ne vivent depuis quatre jours
» que des aumônes des habitants, si nos routes sont
» semées de traînards mourant de faim, c'est à
» l'intendance qu'il faut en faire remonter la res-
» ponsabilité [1].

» Vous aurez peine à croire qu'à Strasbourg,
» dans ce grand arsenal de l'Est, il a été impossible
» de trouver des *aiguilles*, des *rondelles* et des
» *têtes mobiles* de rechange pour nos fusils!

» La première chose que nous disaient les com-
» mandants de batteries de mitrailleuses, c'est qu'il
» faudrait ménager les munitions parce qu'il n'y en
» avait pas.

» En effet, à la bataille du 7, les batteries de
» mitrailleuses et d'autres aussi ont quitté le champ
» de bataille pendant longtemps pour aller cher-

---

[1] Je ne partage pas cette maniere de voir; les fautes
partent de plus haut, et j'affirme qu'à Lyon, par exemple,
longtemps avant la guerre, l'intendance avait prévenu
que rien n'existait dans les magasins. Sous prétexte d'économie, aucune suite ne fut donnée aux demandes de l'intendant. *Suum cuique tribuere!*

» cher de nouvelles provisions au parc de réserve,
» lequel était lui-même assez pauvre, dit-on.

» Le 6, l'ordre ayant été donné de faire sauter
» un pont, il ne s'est pas trouvé de poudre de
» mine dans tout le corps d'armée, ni au génie ni
» à l'artillerie!

» Enfin, et c'est ici le plus grave, notre artille-
» rie est dans une infériorité déplorable vis-à-vis
» de celle des Prussiens, tant sous le rapport du
» calibre que sous celui du nombre [1].

» Nos pièces de 4, jolis joujous dans une expo-
» sition, n'ont pu tenir un instant nulle part devant
» les batteries de 12 des Prussiens; portée, jus-
» tesse, rapidité du tir, tout est *sans comparaison*
» à l'avantage de nos ennemis.

» Tandis que notre artillerie n'a tenu nulle part,
» celle des Prussiens n'a jamais quitté ses positions
» que pour se porter en avant, semblant ne rece-
» voir de la nôtre aucune atteinte, et se conduisant
» avec le même sang-froid et la même précision
» qu'au polygone.

» De plus, je crois me rappeler que la propor-
» tion de l'artillerie est en Prusse de cinq batteries
» par division, tandis qu'en France elle n'est que
» de trois.

[1] C'est ce que j'ai dit, page 45.

» Que l'on double nos petites batteries de 4 des
» batteries de 12 qui doivent se trouver encore
» dans les arsenaux, qu'on assure leurs approvi-
» sionnements de manière à n'être pas forcés d'in-
» terrompre le feu pendant la bataille, il restera
» encore à notre artillerie le désavantage de ne pas
» se charger par la culasse; mais déjà comme ca-
» libre et comme nombre nous nous trouverons
» dans des conditions meilleures.

» Ce qui nous a manqué surtout dans la bataille
» du 7, c'est l'artillerie, tandis que celle des Prus-
» siens était écrasante; le fait était si évident, que
» c'était le cri du dernier et du plus inintelligent
» des soldats.

» Les seules armes qui aient été vraiment au ni-
» veau et même au-dessus des circonstances, sont
» celles qui ne passent pas pour savantes.

» Quand on a dit à la cavalerie de charger,
» deux brigades de cuirassiers sont allées brave-
» ment s'engloutir au milieu de l'infanterie enne-
» mie, où elles ont été anéanties.

» Quant à l'infanterie, sa conduite a été héroïque :
» tout le monde l'a dit le jour même, et on ne saura
» jamais assez le proclamer.

» Au nombre de 30,000 contre 140,000, dit-on,
» elle a défendu ses positions depuis sept heures
» du matin jusqu'à une heure de l'après-midi, sans

» reculer d'une semelle, chargeant plusieurs fois
» l'ennemi pour le repousser quand il se portait en
» avant, et avec une énergie dont vous aurez une
» idée par le chiffre de ses pertes : la moyenne
» des pertes en officiers est de 40 sur 64; celle
» des soldats est de 1,200 sur 2,200 : il y a
» des régiments qui ont perdu moins, il y en a
» qui ont perdu plus; la moyenne que je vous
» donne est vraie, vous le verrez en recevant les
» situations.

» Cette infanterie n'aurait pas reculé encore, si
» elle n'eût été tournée, enveloppée de toutes parts,
» si le canon et la fusillade de l'ennemi ne se fus-
» sent fait entendre sur sa ligne de retraite : n'est-
» ce pas vraiment sublime !

» Ce qu'il faut à notre infanterie, ce sont des
» effectifs de 2,400 hommes au moins par régi-
» ment : que les dépôts envoient ce qu'ils ont de
» disponible et que des mesures soient prises pour
» que des commandants territoriaux ne puissent
» plus s'opposer à ces envois, ou les retarder,
» comme cela a déjà eu lieu, sous prétexte qu'ils
» n'avaient pas reçu d'ordres du ministre.

» Que l'on fasse déposer à tout le monde les
» coiffures gênantes, et que la coiffure de guerre
» soit décidément le képi à visière; que l'on fasse
» déposer les vestes ou habits; la capote avec la
» demi-couverture suffisent.

8

» Que l'on fasse *de suite, de suite*, de grosses
» promotions pour récompenser et encourager ceux
» qui ont subi de si graves épreuves et si vaillam-
» ment fait leur devoir.

» Et maintenant, mon général, pourquoi, quand
» l'on a 200,000 hommes sous la main, faciles à
» concentrer, chaque petit corps va-t-il successi-
» vement se briser contre les masses des ennemis ?
» En nombre à peu près égal, malgré les défaites
» que je viens de vous signaler, ce sont des vic-
» toires que nous aurions enregistrées au lieu de
» défaites !

» Pourquoi accepter la bataille, quand on *sait*
» que l'on se battra *un* contre *quatre* ou *cinq ?*

» Pourquoi, quand on voit la bataille perdue, ne
» pas profiter du reste d'énergie des troupes pour
» donner en temps opportun les ordres néces-
» saires pour opérer une retraite honorable, pour
» sauver les bagages, les réserves d'artillerie, la
» caisse de l'armée ?

» Pourquoi mettre cette masse d'hommes et de
» chevaux en retraite sur une seule route, où
» elle ne peut se mouvoir ni vivre régulièrement,
» tandis qu'en lui indiquant au loin en arrière
» un point de concentration, chaque comman-
» dant de division s'y fût rendu plus vite, plus
» facilement, en nourrissant sa troupe, sans épui-
» ser les localités ?

» Je ne fais qu'effleurer ces questions; elles
» sont délicates : vous comprendrez, mon général,
» pourquoi je n'en dis pas davantage.

» J'en ai cependant déjà dit beaucoup, mais je
» ne le regrette pas, parce que le péril est grand;
» qu'un ennemi intelligent, hardi, infatigable, met
» à profit tous les instants que nous perdons.

» En résumé, ce qu'il faut au plus vite, c'est la
» rapide concentration de toutes nos forces sur un
» point, l'augmentation de l'artillerie; un meilleur
» service des vivres et des ambulances, si c'est
» possible. »

Le reste de cette lettre expliquait l'urgence qui
existait à reconstituer le corps du maréchal de
Mac-Mahon.

En même temps que je recevais cette lettre
datée du 10, un rapport en date du 11 août
m'arrivait de Metz et me donnait des détails inté-
ressants sur la bataille de Forbach, que l'on re-
gardait généralement comme très-honorable pour
nos armes; j'en extrais le récit suivant :

« Le 2 août, le 2ᵉ corps, général Frossard, ayant
alors à sa gauche, sur la Sarre, les divisions du
maréchal Bazaine, à droite le général de Failly à
Sarreguemines, avait occupé les hauteurs et la
ville de Sarrebruck.

» La position, facile à défendre dans ces condi-

tions, interceptait le chemin de fer de Trèves à
Mayence et dominait le cours de la Sarre; mais le
mouvement en arrière des 3ᵉ et 5ᵉ corps ne per-
mettait plus de la conserver.

» L'Empereur avait prescrit au général Frossard
de se reporter sur Forbach le 6; mais les renseignements faisant présumer une forte concentration de troupes ennemies sur la rive droite, le
général exécuta ce mouvement dans la soirée du 5.
Les Prussiens couvrant leurs mouvements avec
soin, et le pays étant accidenté, il était difficile
de constater l'emplacement et la force de leurs
troupes.

» Le 6 au matin, la division Laveaucoupet (3ᵉ)
occupait le plateau de Spickeren, séparé des hauteurs de Sarrebruck par une vallée large et pro-
fonde, sillonnée par de nombreux accidents de
terrain.

» La division Bataille (2ᵉ) était à Ating, en arrière et à gauche de Spickeren sur les hauteurs; la
division Vergé (1ʳᵉ) occupait Stiring, couvrait le
chemin de fer et observait les routes de Sarrebruck,
de Sarrelouis et de Werden, avec une partie de la
cavalerie, dont le reste était campé en arrière de
la 1ʳᵉ division au nord-est de Forbach.

» Dans la matinée du 6, les Prussiens avaient
envoyé de nombreux tirailleurs en avant de Sarrebruck, vers dix heures du matin.

» Ils ouvrirent des hauteurs une forte canonnade contre la position en avant de Spickeren, où était une batterie de 12, qui répondit à leur feu; les 1re et 3e divisions prirent les dispositions nécessaires pour repousser une attaque.

» Peu de temps après, les Prussiens attaquèrent sur toute la ligne à la fois avec de fortes colonnes déployées et des réserves; en même temps, d'autres forces cherchaient à tourner les positions françaises, à droite par Saint-Arnaud, à gauche par la chaussée du chemin de fer et les bois de Sarrebruck.

» Outre les batteries situées sur la hauteur en avant de Sarrebruck, l'attaque était soutenue par une très-nombreuse artillerie, environ quarante pièces, contre la position occupée par la 3e division, et autant contre Stiring et la division Vergé. La brigade Valazé, qui était en face de la route de Sarrelouis, dut peu après le commencement de l'action envoyer un régiment, le 32e, sur Stiring, et la brigade Bastoul, de la 2e division, se porta à la gauche du général Laveaucoupet. Malgré leur très-grande supériorité numérique, les Prussiens furent à plusieurs reprises complétement repoussés par la division Laveaucoupet, en subissant de très-grandes pertes. A la gauche, ils ne purent enlever Stiring, où le général Bataille avait été dirigé pour soutenir la 1re division; ils furent même contraints de reculer au delà du bois situé entre Stiring et la route.

» Vers deux heures, ils cessèrent leurs attaques ; mais pendant ce temps des troupes fraîches descendaient constamment de Sarrebruck.

» Ils revinrent à la charge avec ces nouvelles forces ; le dernier régiment qui n'eût pas été engagé, le 55ᵉ, se porta vers quatre heures sur Stiring.

» Il n'y avait plus sur les hauteurs en avant d'OEtingen, pour observer Groubliederstroff, que le bataillon de chasseurs de la 2ᵉ division.

» Dans ces conditions, les troupes du 2ᵉ corps soutinrent une lutte acharnée jusqu'à huit heures du soir.

» Vers cinq heures, la cavalerie ennemie s'était montrée sur la route de Sarrelouis, où elle avait été contenue par la nôtre.

» Vers sept heures, le général fut informé que de l'infanterie et de l'artillerie débouchaient par la même voie, prenant ainsi à revers Stiring et la 1ʳᵉ division ; leurs obus vinrent tomber entre Stiring et Forbach : les escadrons de dragons qui étaient sur la route de Sarrelouis se replièrent après une magnifique défense.

» Le général Frossard, qui était à Stiring, dut ordonner la retraite dans la direction d'OEtingen et de là sur les soutiens qu'offrait le 3ᵉ corps, situé à peu de distance, et arriva pendant l'action. La division Metman était à *Bening-Merlebach,* la division Montaudon à Sarreguemines, la division Castagny à Puttelange ; elles n'y ont pas pris part.

» La perte des Prussiens est fort supérieure à la nôtre, qui cependant est grande.

» Le général Doëns est blessé grièvement ; plusieurs chefs de corps, colonels et chefs de bataillon, sont tués ou blessés ; dans plusieurs régiments 20 ou 30 officiers sont hors de combat ; aucun canon n'est resté aux mains de l'ennemi, bien que des batteries aient perdu un grand nombre de chevaux.

» Les troupes du 2ᵉ corps ont un moral excellent, malgré les privations qu'elles ont eu à endurer jusqu'à ce jour. Nous avons campé le 7 à Puttelange, le 8 à Grostenquin, le 9 à Rumilly, le 14 devant Metz.

» Le grand malheur a été la dissémination des troupes en corps d'armée de 25,000 hommes, qui ne peuvent guère tenir isolément contre des armées de 100,000 hommes et plus.

» Si, comme on le dit, les Prussiens réunissent leurs deux armées sur Nancy, ils auront alors, il est vrai, plus de 200,000 hommes pour marcher sur Paris, mais ils se trouveront au cœur de la France, sans autres ressources que celles du pays, et en

présence d'une armée qui n'a pas encore combattu. »

L'événement n'a malheureusement pas confirmé
l'espoir que la conclusion de ce rapport semblait
indiquer !

Après cette digression je reviens à mon sujet.

III.

Je n'ai pas l'intention de rappeler ici tout ce qui s'est passé dans les séances du Corps législatif, pendant lesquelles les ministres du 9 août ont eu à soutenir de certaines luttes contre l'opposition ; elles sont retracées dans le *Journal officiel* de chaque jour. Mais je dois dire que nous avons longtemps trouvé, sinon une entière approbation de la part de l'opposition, au moins une grande déférence dans toutes les parties de la Chambre.

Cette attitude bienveillante diminua sensiblement de la part de l'opposition, et devint même agressive quand elle crut avoir trouvé des appuis dans l'armée.

Ma vie était très-pénible et très-agitée : un travail incessant me réclamait au ministère de la guerre ; j'étais obligé, d'autre part, de me rendre tous les matins à huit heures et demie au conseil des ministres, présidé par l'Impératrice régente.

Dans ces réunions, de longues discussions avaient lieu sur les mesures à prendre dans l'intérêt de la marche des affaires, et c'est ici le lieu de rendre hommage au caractère élevé et aux nobles sentiments de l'Impératrice régente, qui se préoc-

cupait plus des malheurs de la France que des
dangers qui menaçaient sa dynastie : « Sauvez la
France et ne vous préoccupez pas de nous. »
Telles étaient habituellement ses recommanda-
tions aux membres du conseil !

On ne m'accusera pas d'être un courtisan
parce que j'ai admiré, dans le malheur, le grand
caractère d'une souveraine, à laquelle je n'ai jamais adressé une flatterie à l'époque de la prospérité de l'Empire, et qui ne m'a jamais donné une
seule marque de sympathie[1].

Le conseil se terminait ordinairement entre
midi et une heure; les questions les plus graves,
entre autres celle de la défense de Paris et de
l'organisation du gouvernement au dehors de
la capitale, en cas de siége, s'y traitaient très-
longuement.

On lisait et l'on discutait les rapports journaliers
du comité de défense, présidé d'abord par le maréchal Vaillant et ensuite par le général Trochu,
depuis sa nomination au gouvernement de Paris,
et auquel le maréchal céda immédiatement la présidence, avec l'empressement le plus patriotique.

A une heure je rentrais au ministère, et chaque
jour j'étais appelé au Corps législatif à une heure
et demie, soit dans les commissions fréquentes

---

[1] Voir aux Pièces justificatives, page 185.

qui s'y réunissaient pour préparer les questions à
l'ordre du jour, soit aux séances elles-mêmes.

Je ne pouvais jamais aborder le Corps législatif
sans être entouré par un grand nombre de députés
en quête des nouvelles de l'armée; je les leur don-
nais dans la mesure de la réserve que m'impo-
saient les opérations militaires.

Je communiquais à la Chambre la plupart des
dépêches télégraphiques que je recevais, notamment celles que j'ai lues dans les séances des 16,
17 et 18 août, comme le constate le *Journal officiel*, et je repousse formellement l'assertion émise
par quelques individus, que j'aie cherché à tromper le public par le récit de succès dont je n'ai
jamais parlé.

Je n'ai répété que le contenu des dépêches du
quartier général de Metz au ministre de l'intérieur,
ou celles qui m'étaient adressées directement[1].

J'ignore quel est l'inventeur de ce conte ridicule
par lequel on me fait dire que *si l'on savait les
nouvelles que j'avais reçues, Paris serait illuminé;* voici probablement l'origine de ce propos
saugrenu, aux auteurs duquel je donne le démenti
le plus énergique :

J'avais toujours dit que nous devions accueillir
l'annonce d'un succès avec modération, et celle

[1] Voir la séance du 20 août dans le *Journal officiel.*

d'un revers avec fermeté ; j'ajoutai, en causant avec quelques-uns de messieurs les députés : « Si nous obtenions le plus léger avantage, je me garderais bien de le proclamer, car Paris serait illuminé le même soir, comme cela a eu lieu à l'annonce de la fausse nouvelle de la prise de Sébastopol. » C'est donc précisément le contraire de ce que l'on a voulu me faire dire.

Voici du reste le contenu de quelques-unes des dépêches qui auraient pu me faire croire à des succès que je n'ai pas voulu ébruiter, sachant combien il faut être sobre de semblables publications :

« 17 août 1870 [1].

» *Maréchal commandant en chef à Metz.*

» Hier 16, il y a eu une affaire très-sérieuse du » côté de Gravelotte. Nous avons eu l'avantage » dans le combat, mais nos pertes sont grandes. »

« 17 août 1870.

» *Maréchal Bazaine au ministre de la guerre.*

» Hier, pendant toute la journée, j'ai livré ba- » taille à l'armée prussienne entre Doncourt et » Vionville.

[1] *Journal officiel* du 18 août.

» L'ennemi a été repoussé, et nous avons passé
» la nuit sur les positions conquises : j'arrête quel-
» ques heures mon mouvement pour mettre mes
» munitions au grand complet. Nous avons eu de-
» vant nous le prince Frédéric-Charles et le géné-
» ral Steinmetz. »

« Verdun, 17 août, 8 heures du soir.

» A huit heures du soir, l'ennemi était repoussé
» sur toute la ligne. »

« Quartier général, Metz, 18 août[1].

» Dans l'affaire du 16, un bataillon du **73**e de
» ligne a détruit un régiment de lanciers prussiens
» et a enlevé son étendard. »

« Verdun, 25 août[2].

» Hier 24, à neuf heures du matin, Verdun a
» été de nouveau attaqué par un corps de dix
» mille hommes, commandés par le prince de
» Saxe. Les Prussiens, fort maltraités par notre
» artillerie, ont été repoussés sur toute la ligne.
» Leurs pertes ont été considérables ; nos pièces,
» servies en majeure partie par la garde nationale
» sédentaire, ont fait de grands ravages. »

[1] *Journal officiel* du 19 août.
[2] *Journal officiel* du 28 août, séance du 27 août.

17508. — 1er.

« Reims, 1er septembre 1870, 10 h. 35.

» *Général commandant 1re division du 13e corps*
» *à ministre de la guerre, Paris.*

» J'apprends indirectement que le maréchal a
» livré un combat très-meurtrier au roi de Prusse
» en personne et à son fils ; on prétend même que
» les Prussiens ont eu près de quatre-vingt mille
» hommes hors de combat ; ce qu'il y a d'à peu
» près certain du moins, on me rend compte à
» l'instant que de nombreuses troupes arrivent à
» Châlons depuis cette nuit, toutes en désarroi.
» Si j'avais assez de monde, j'irais m'en assurer ;
» mais je n'ai ici que trois régiments d'infanterie,
» ayant mon quatrième à Épernay et Rethel, et
» pas de cavalerie. Je ne pourrais partir qu'avec
» un régiment, parce qu'il m'en faut laisser deux
» devant Reims pour éviter toute surprise.

» Si je pouvais avoir une brigade d'infanterie
» de plus et un régiment de cavalerie, je pourrais
» tous ces jours-ci faire beaucoup de mal à l'en-
» nemi. On m'affirme, à l'instant, que le roi
» Guillaume et son fils ont couché cette nuit à
» Clermont en Argonne, étant en pleine retraite.

» Signé : *le Chef de section.* »

2ᵉ DÉPÊCHE.
17597, 1ᵉʳ.

« Bruxelles, 1ᵉʳ septembre 70, 7 h. 25 soir.

» *Parias Laurent, 37 bis, Sentier, Paris.*

» Mac-Mahon a battu les Prussiens, ce matin
» Bazaine les poursuit vers Sedan.

» *Signé :* HUMBERT.

» Pour copie,

» *Le chef de station,*
» DESMAZIÈRES. »

3ᵉ DÉPÊCHE.
39767. — 2 septembre, 3 h. 35.

« Londres, 2 septembre 70, 12 h. et demie soir.

» *Washburn, ministre des États-Unis. Paris.*

» Télégrammes belges du 31 août et du 1ᵉʳ sep-
» tembre disant que combat ouvert mercredi à
» neuf heures à Bazeilles et que Français ont pris
» trente canons. On apprend de même source que
» Bazaine chasse Prussiens sur Sedan.

» Aucun avis saillant de Prusse sur lesdits en-
» gagements, mais Prusse s'attribue la victoire du
» 30 août.

» Le DIRECTEUR. »

Il me semble qu'après de semblables renseignements, je pouvais bien concevoir quelques

espérances, qui m'ont donné une confiance que j'ai fait partager à quelques-uns de MM. les députés, sans toutefois en exagérer l'importance.

Le conseil des ministres terminé, je rentrais au ministère, où j'avais à m'occuper sérieusement des affaires spéciales à l'administration de la guerre, à examiner les projets de loi que multipliait chaque jour l'initiative des députés, à organiser l'armement, dont voici l'état.

On comptait, tant dans les magasins qu'entre les mains des hommes de l'armée de terre et de mer :

Chassepots. . . . . 1,050,000 [1]
Fusils transformés se chargeant
    par la culasse et dits à taba-
    tière.   342,115
Fusils à percussion rayés. . . . 1,637,000
Fusils à percussion lisses. . . . 315,000

Sur ces quantités, le 15 août 1870, 1,440,000 fusils à percussion ont été remis au ministre de l'intérieur, indépendamment de 199,000 fusils de cette espèce, distribués antérieurement à cette époque, pour le service des pompiers.

Le reste de l'ancien armement à pierre avait

[1] Dont 35,000 livrés à la marine, ce qui constituait un nombre de 1,015,000 chassepots pour l'armée de terre et les gardes nationales de l'Empire.

été remis entre les mains du domaine et livré en partie au commerce à des prix très-minimes.

Bien que j'eusse fait connaître tous ces chiffres dans les commissions d'armement, au Corps législatif, et que j'en eusse expliqué l'emploi, quelques députés de l'opposition persistaient à vouloir que toute la nouvelle garde nationale de Paris fût armée, indépendamment des 90,000 fusils à tabatière qui avaient été livrés.

Il y eut même à ce sujet une scène très-vive dans mon cabinet entre MM. Picard, Cochery et de Kératry, et M. le général Suzanne, directeur du service de l'artillerie au ministère de la guerre, et je dus interposer mon autorité pour la faire cesser.

Il semblait, au dire de ces messieurs, que l'on ne s'occupait pas de l'armement de la population, et cependant je travaillais sans relâche à augmenter le nombre des armes à tir rapide.

A Saint-Étienne, Châtellerault et Tulle, l'outillage avait été augmenté, et le travail était poussé dans les derniers temps jusqu'à fabriquer de 30 à 35,000 chassepots par mois; toutes les manufactures d'armes étaient très-actives pendant les derniers temps.

Indépendamment de cette production des fabriques de l'État, il fut passé quantité de marchés d'armes avec le commerce.

10

Mais comme, à cette malheureuse époque il semblait que la France fût déjà un cadavre sur lequel s'abattaient, comme des vautours, une nuée de fournisseurs, pour se partager le budget, j'avais fait poser des conditions sérieuses pour assurer la bonne qualité des armes à livrer.

La condition générale de tous les marchés d'armes était que les fusils devaient se charger par la culasse; que chacun d'eux serait accompagné de 400 cartouches de son calibre, dont 10 serviraient à éprouver l'arme : ils devaient être livrés dans un port de France, dans la quinzaine à dater du jour de la signature du marché.

IV.

Je ne pensais point devoir être convoqué devant la commission des marchés, déléguée par l'Assemblée nationale actuelle, lorsque je reçus une lettre de M. le président de cette commission, me priant en ces termes de vouloir bien assister à la séance du mardi 12 septembre dernier.

« Monsieur le général de Palikao voudra bien » apprécier le sentiment qui fait que la commission » désire qu'il ait connaissance entière d'un rapport » où sont jugés les actes de l'administration de la » guerre pendant qu'il avait l'honneur de la di- » riger. »

Je me rendis au vœu de la commission, et j'ai le regret de voir, dans le rapport adressé à la Chambre, qu'il n'est nullement fait mention des réponses que j'ai faites aux questions qu'elle m'a posées.

Je dois constater ici que mes paroles ne furent pas accueillies par tous les membres avec le calme qu'elles auraient mérité; car, à la première question qui me fut faite, relativement au grand nombre de marchés passés par mon administration, je fus interrompu par un membre que je ne connais pas, et qui protesta contre les faits que j'avançais.

Je n'avais cependant rien dit que de très-naturel ; car, pour justifier l'administration au sujet de ce grand nombre de marchés, j'avais rappelé qu'en 1868 M. le maréchal Niel avait demandé à la Chambre les crédits nécessaires pour la fabrication par l'État de 1,800,000 fusils à tir rapide, et que MM. les députés avaient réduit ce nombre à 1,200,000 fusils. Ce fut alors que, dans un sentiment de douleur patriotique, le maréchal prononça cette phrase : « Puissiez-vous, Messieurs, n'avoir pas à vous repentir, d'ici à trois ou quatre ans, de votre imprévoyance. »

J'ajoutai, comme réflexion, que si l'on eût accédé à cette époque aux demandes du maréchal pour l'armement et pour la constitution de la garde mobile, cela nous aurait coûté moins cher que les cinq milliards que la France paye aujourd'hui.

M. le président intervint et me dit que je ne devais point soulever de questions politiques, et je dus pressentir dès lors la phrase du rapport qui incrimine l'administration impériale ; car il n'y avait aucune question politique dans ce que j'avançais, mais seulement un fait d'histoire.

Le moment prévu par le maréchal Niel était arrivé, et non-seulement il manquait 600,000 fusils, mais, pour atteindre le chiffre nécessaire pour armer de fusils se chargeant par la culasse la troupe de ligne et la garde nationale, il aurait fallu un million d'armes en plus.

Le premier point, qui portait sur le grand nombre de marchés faits d'urgence, me paraît donc justifié par le besoin d'un grand nombre d'armes nouvelles.

Le gouvernement d'alors avait le droit de juger de ses besoins et d'y satisfaire, en ce qui touchait le nombre des armes à acheter, et en cela il recevait même chaque jour une pression de MM. les membres de l'opposition dans le Corps législatif.

Les choses étaient poussées sous ce rapport tellement loin, que l'on ne craignait pas de jeter des phrases insultantes pour les ministres, auxquels on reprochait de ne pas vouloir armer la nation [1].

La seconde préoccupation de la commission portait sur ce que ces marchés avaient été contractés avec des personnes dont la moralité n'offrait pas assez de garanties.

---

[1] Voir aux Pièces justificatives les extraits des séances de la Chambre des députés, pendant les journées des 9, 10, 11, 12, 18, 23, 24, 26 et 30 août 1870; elles justifient largement la conduite du ministère de la guerre. Voir surtout la séance du 18 août, qui contient une appréciation remarquable de M. Thiers.

6 abandonnés par leurs auteurs;

2 confiés à des agents consulaires.

Sur les 22 marchés approuvés :

6 seulement reçurent au moins un commencement d'exécution;

16 autres furent périmés sans qu'il ait été livré un fusil ou une cartouche.

Voici comment se décompose la livraison des six marchés exécutés en tout ou partie :

M. Hedsey........ {	198 chassepots	à 105 fr.	20,790 fr.
	2,507 sniders	à 105 fr.	263,235 fr.
Jackson..........	1,157 remingtons	à 110 fr.	127,050 fr.
Ctesse Van de Vyver. {	720 chassepots	à 95 fr.	68,400 fr.
	1,810 sniders	à 76 fr. 25 c.	138,012 fr. 50 c.
Fergusson........	1,040 sniders	à 100 fr.	104,000 fr.
Chollet..........	20,000 sniders	à 104 fr.	2,080,000 fr.
Comte de Breda....	11,000 chassepots	à 73 fr. 80 c.	811,800 fr.
	38,432		3,613,287 fr. 50 c.

On a donc eu 38,432 fusils à tir rapide pour la somme de 3,613,287 fr. 50 c., c'est-à-dire au prix moyen de 94 francs par fusil.

Si l'on prend en considération les frais d'emballage, de transport, et les risques qui étaient à la charge des contractants, on pourrait réduire leur prix à 90 francs.

Ce serait certainement un prix trop élevé dans l'état de tranquillité relative dans lequel nous vivons aujourd'hui, mais que l'on peut considérer comme modéré si l'on se reporte à l'état fiévreux

dans lequel se trouvait la France à l'époque de
ces marchés, dont le premier date du 25 août,
huit jours avant Sedan.

Lorsque l'on fit le premier essai d'armement
avec le fusil modèle de 1866, à tir rapide, le bataillon des chasseurs à pied de la garde impériale
fut armé le premier avec des fusils fabriqués à
Châtellerault; le prix de revient de l'arme fut de
120 francs.

Peu à peu ce prix diminua avec la diminution
des frais généraux, et l'on peut calculer qu'en
1870 il pouvait être de 69 francs.

C'est à peu près dans cette dernière condition que le comte de Breda céda au prix d'inven-
taire les 11,000 fusils qui avaient été fabriqués
en Angleterre pour le compte d'un souverain
étranger.

Il faut aussi faire observer que les discussions
publiques au Corps législatif avaient fait connaître
quels étaient nos besoins en armes, et que le commerce étranger en profita pour nous tenir la main
haute, en raison de ces besoins.

J'ignore si, comme le dit la commission, des
offres ont été faites dans de meilleures conditions
au ministère de la guerre, mais j'affirme que je
n'en ai reçu d'aucune part.

J'ai seulement ouï dire depuis que des fabri-

cants anglais avaient offert à mon prédécesseur
de *fabriquer* des armes pour le compte du gouvernement français; cette offre fut faite, paraît-il,
dans le mois de juillet, alors que l'on ne prévoyait
pas les désastres qui ont atteint depuis nos armées, et le ministre mon prédécesseur ne crut
pas devoir les accepter à cette époque.

Telle était donc la situation : un grand nombre
de marchés passés, vu l'urgence, et qui n'ont
produit, *ce qui pouvait être déjà prévu,* comme
le reconnaît la commission elle-même, que la réalisation d'un très-petit nombre d'entre eux, ayant
procuré 38,000 armes, au lieu de 600,000 au
moins qui étaient nécessaires.

Leur prix a été comparativement peu élevé, en
raison des circonstances et de la nécessité d'avoir
des armes dans un très-court délai, puisque le
premier marché a été passé le 25 août, l'ennemi
marchant déjà sur la capitale et n'en étant éloigné
que de quarante lieues.

Quant à la moralité des contractants, je l'ai dit,
je n'ai pas eu à ma disposition le temps de m'en
enquérir; et, d'autre part, le marché était pour
tout le monde sans distinction, dans les conditions exigées. Ce que je remarque, c'est que les
personnes désignées nominativement par le rapport de la commission comme n'offrant pas de ga-

11

ranties suffisantes, sont précisément celles qui ont le mieux tenu leurs engagements.

Ainsi le sieur Chollet a livré très-exactement les armes qu'il s'était engagé à fournir ; la comtesse Van de Vyver était recommandée d'une manière particulière par lettre en date du 24, de M. le prince de la Tour d'Auvergne, tant regretté, et l'un des hommes les plus honorables du monde ; c'est cette personne qui a fourni à un prix inférieur à presque toutes les autres offres.

La commission a trouvé à redire parce que le ministre avait fait faire l'avance d'un million au sieur Chollet ; mais cette avance s'est faite avec toute la régularité administrative et sur le vu d'un marché avec une maison de Londres qui avait contracté avec ce négociant pour une livraison de 20,000 fusils, qui ont couvert et au delà l'avance, puisque cette livraison a donné immédiatement ces fusils, d'un total de 2,080,000 francs, pour lesquels la maison contractante exigeait le payement immédiat d'un à-compte.

Enfin, et pour en terminer avec les renseignements que me demandait la commission, M. le président me fit remarquer que toutes les conditions des marchés n'avaient pas été remplies, notamment la livraison dans les quinze jours qui suivaient la signature des contractants.

Je fis observer que les premiers marchés datant du 25 août, et le gouvernement impérial ayant été renversé par l'émeute le 4 septembre, il m'eût été impossible de poursuivre le 9 septembre ceux qui, à dater du 25, n'avaient pas rempli leurs engagements.

J'ai été fort étonné de voir que les conclusions du rapport de la commission ont compris dans la même catégorie tous les actes des ministres de la guerre depuis 1868 jusqu'à ces derniers temps, sans attribuer à chaque ministre la part de responsabilité qui lui incombe. Pourquoi, par exemple, mêler si souvent avec les actes de mon ministère ceux de la commission d'armement, créée seulement le 10 septembre, et qui était présidée par M. Lecesne, ex-député?

Je ne me permets pas de juger ce qui s'est fait avant ou après mon entrée aux affaires de la guerre, ce qui ne me regarde en aucune façon; mais je déclare, comme je l'ai fait devant la commission, n'accepter aucune responsabilité en dehors de celle des actes du ministère de la guerre du 10 août au 4 septembre.

Je n'ai donc pas à m'occuper de ce qui s'est fait dans le mois de juillet 1870, puisque je n'ai accepté le ministère de la guerre qu'à partir du 10 août même année. Je constate seulement que l'admi-

nistration de la guerre n'était pas seule responsable du manque d'armes en cas de guerre; je
crois avoir suffisamment prouvé que, dès 1868,
le ministre de la guerre, alors maréchal Niel,
avait demandé un crédit pour faire fabriquer
1,800,000 fusils Chassepot, et que le crédit ne
lui avait été accordé que pour 1,200,000. Je constate en outre que l'Angleterre seule, d'après le
rapport de la commission, pouvait fournir des
armes, et cependant il en a été proposé d'autre
provenance.

On peut lire aux Pièces justificatives si le ministère du 10 août au 4 septembre a eu le temps d'organiser des marchés avec la fabrique anglaise;
d'ailleurs, à quoi eussent abouti ces marchés, puisque la commission dit elle-même que le nombre
d'armes existant dans ce pays était localisé entre
les mains de quelques personnes? Qui pouvait
connaître et avait eu le temps de connaître ces
personnes? Aucune d'elles n'a fait d'offres pendant le temps de mon ministère, du moins à ma
connaissance.

Pourquoi cette énumération de marchés, qui
se sont réduits à *six?* Il était certainement dans les
prévisions du ministre que peu seraient réalisés;
mais plus grand en était le nombre, moins le
manque d'armes serait élevé. C'est ce qui a eu
lieu, et, en dernière analyse, tout ce grand bruit

de marchés s'est réduit à une fourniture de **38,000**
fusils, lorsqu'il en eût fallu **600,000**.

Les chiffres parlent plus haut que les calculs
hypothétiques de la commission. Toute la question
est là : pour la quantité de marchés passés, le
ministère avait-il le droit et, je dis plus, le devoir
de passer les marchés d'armes qu'il a passés;
et prévoyait-il sagement ce qui devait arriver,
c'est-à-dire que la marche qu'il a suivie était la
seule qui pût lui donner le plus grand nombre
d'armes, dont l'urgence était indiquée dans chaque
séance du Corps législatif[1], et dans le délai le plus
court.

Je n'ai point à prendre fait et cause pour l'administration impériale, attaquée par le deuxième
alinéa de cet exposé; mais en ce qui touche mon
administration, je ne vois pas qu'elle ait été plus
imprévoyante que l'administration, par exemple,
de la Restauration.

Certes, personne de ceux qui blâment aujour-
d'hui l'administration de la guerre ne doute de
l'honnêteté et de la délicatesse du gouvernement
de la Restauration; mais ce gouvernement n'a-t-il
pas été forcé, devant l'urgence, d'agir comme
l'a fait le gouvernement du 10 août au 4 sep-

[1] Voir aux Pièces justificatives.

tembre 1870 dans les circonstances si critiques qu'il a traversées.

Les marchés, sans lesquels la campagne de 1823 ne pouvait se faire, n'ont-ils pas été passés d'urgence, dans l'intérêt de la politique du gouvernement d'alors?

Pour nous la question était bien autrement sérieuse encore, puisqu'elle n'était pas une question politique, mais bien la question grave de sauver le sol de la patrie.

J'ai donné les détails de ces marchés; j'ai prouvé que les personnes dont l'honorabilité était mise en suspicion par la commission étaient celles qui avaient fourni le plus consciencieusement leurs marchés; j'ai dit que je ne pouvais m'expliquer pourquoi la commission ne séparait pas l'administration des derniers jours de l'Empire de l'administration qui a suivi; j'ai donné plus haut l'explication de l'avance d'un million au sieur Chollet.

Je laisse le public juge de la phrase suivante : « Imprévoyant dans les préparatifs, impuissant dans l'organisation, incapable dans l'administration, le ministère de la guerre était, au commencement de septembre, sévèrement jugé par l'opinion. »

Cette phrase, qui me paraît être un peu le

corollaire de celle qui attaque en bloc l'administration de l'Empire, est empreinte d'une telle partialité, je ne crains pas de le dire, que je la repousse énergiquement en ce qui concerne mon administration.

Il faut ne pas avoir été au courant de ce qui s'est fait depuis le 10 août jusqu'au 4 septembre pour accuser le ministère d'avoir été imprévoyant dans les préparatifs, impuissant dans l'organisation, incapable dans l'administration!

Comment! une armée reconstituée au chiffre de 140,000 hommes à Châlons, trois corps d'armée nouveaux constitués avec leur armement, leur artillerie et leur approvisionnement, 33 nouveaux régiments, 100,000 gardes mobiles organisés en province, appelés à la défense de la capitale, la capitale mise en état de défense[1], les forts et l'enceinte armés, et vous appelez cela une administration incapable d'organiser!

Et c'est du 10 août au 4 septembre que tout cela s'est fait, et le 1er septembre, dites-vous, le ministère de la guerre était sévèrement jugé par

---

[1] LE MINISTRE DE LA GUERRE (séance du 13 août, *Journal officiel* du 14) : « Je puis dire dès à présent que les forts de Paris seront avant peu armés et en état d'être parfaitement défendus.

» Quant à la quantité des pièces nécessaires à l'armement, j'affirme qu'elle est complète et au delà des besoins. »

l'opinion! Par quelle opinion? Qui donc l'a jugé
ainsi? Ce ne sont point les représentants de la
France, ceux même de l'opposition qui ont porté
ce jugement; il suffit, pour s'assurer du contraire,
de voir dans chaque séance de la Chambre, jusqu'au dernier jour de ce ministère, les éloges
accordés au ministre pour les efforts surhumains
qu'il a faits et les résultats qu'il avait obtenus[1]!

Le 3 septembre encore, la confiance en ce ministre de la guerre était telle, que la majorité du
Corps législatif lui offrait, à minuit, d'accepter la
dictature : ce qu'il n'a pas fait, par un sentiment de
devoir envers le gouvernement qui l'avait appelé
au dernier moment.

Voilà donc une commission qui ne m'a pas vu
à l'œuvre, qui me paye de cinquante ans de services de toute nature et de vingt-cinq jours de
travail et de veilles pour sauver le pays, par un
brevet d'incapacité!

Je n'accepte ce brevet, dont veut bien me
gratifier la commission, que sous bénéfice d'in-
ventaire : ce n'est point à des juges que je ne
considère pas comme capables eux-mêmes de
juger une organisation militaire que j'en appel-
lerai d'un pareil jugement, mais à tous ceux qui

---

[1] Voir *Journal officiel*, séance du 22 août, paroles
de M. Thiers; — et séance du 31 août, *Journal officiel*
du 1ᵉʳ septembre 1870.

ont vu de près les services que j'ai pu rendre à
toutes les époques de ma carrière, mais au chef
même du gouvernement actuel, qui souvent, soit
en paroles, soit par écrit, a émis une opinion bien
différente sur mon compte [1].

Si j'avais jeté feu et flammes contre le gouvernement tombé, je serais peut-être traité aujour-
d'hui, par certains hommes, comme l'homme le
plus intelligent du pays. Ce rôle ne peut convenir
à mon caractère, et je sais respecter dans le malheur le souverain qui, pendant de longues années,
a su assurer la prospérité de la France!

J'ai toujours agi en sujet loyal vis-à-vis du
gouvernement, et je n'ai jamais dissimulé la vérité; l'opposition que j'ai faite parfois dans le Sénat à des mesures qui tendaient à détruire le principe d'autorité, les rapports politiques trimestriels
que j'ai adressés en ma qualité de chef du grand
commandement de Lyon, l'attesteraient au besoin : j'ai été un serviteur consciencieux, je n'ai
pas été un flatteur!

Cela est tellement vrai, qu'un homme dont le
témoignage ne saurait être suspect à mon égard,

[1] Voici ce qu'écrivait M. Thiers le 4 mars 1870 : « La
campagne de Chine est un chef-d'œuvre, et je ne com-
prends pas encore que le vainqueur de Palikao ne soit pas
maréchal; j'aime à penser qu'un pareil acte de justice ne
se fera pas attendre! »

le général Trochu, me disait, dans la commission de réorganisation de l'armée, que je compromettais ma position en combattant la loi de 1855 sur la dotation de l'armée, loi qui avait été l'œuvre de l'Empereur.

Quant à l'administration des deniers de la guerre, a-t-on une seule irrégularité à lui reprocher pendant mon ministère?

Loin d'avoir dépassé son budget au 4 septembre, elle a pu fournir à tous les besoins pendant le siége de Paris, sans aucune demande de crédits supplémentaires.

Les conclusions de ce rapport indiquent suffisamment le but : placer le ministre de la guerre sous le contrôle d'un inspecteur des finances.

Enfin, et pour en finir avec ce rapport, je me demande pourquoi la commission termine en faisant publiquement à la justice un appel qui peut laisser planer des soupçons injurieux sur toute une administration honorable. Cette manière de procéder ne peut avoir pour résultat que d'affaiblir le respect de l'autorité, dont le principe est déjà si fortement ébranlé parmi les masses.

Pourquoi ne pas agir comme cela a eu lieu sous le gouvernement du roi Louis-Philippe vis-à-vis de fonctionnaires coupables? Pourquoi ne pas s'assurer d'abord, avec tous les moyens que l'on possède, s'il existe de ces hommes, et, dans ce cas, les accuser carrément en les traduisant devant la justice?

Ces hommes, s'il en existe, ne méritent aucun ménagement, car ils auraient profité des malheurs de la patrie pour commettre des actes infâmes au profit de leur intérêt personnel!

V

L'armée constituée à Châlons, l'Empereur en
confia le commandement en chef au maréchal de
Mac-Mahon. Ce choix était justifié par le besoin
d'avoir un homme actif et résolu à la tête d'une
armée dont la prompte jonction avec celle du
maréchal Bazaine devait changer la situation des
affaires.

Je m'empressai d'écrire au maréchal et je ter-
minai ma lettre en lui disant : « Avec une semblable
force, que ne doit-on pas attendre, monsieur le
maréchal, d'un général tel que vous ? »

Ce fut alors que je soumis au conseil le projet
de deux opérations qui me paraissaient pouvoir
être tentées avec succès, et qui sont rapportées
dans les dépêches télégraphiques reproduites par
la presse.

La première était en prévision de la réalisation
du bruit qui courait, que le prince royal de Prusse
devait abandonner la direction de la ligne de la
Marne sur Paris et descendre de Bar-le-Duc par
Vassy sur la ligne de l'Aube, que les armées alliées
avaient suivie en 1814.

Elle consistait à former à la Ferté-sous-Jouarre
un pivot solide avec le corps d'armée de Vinoy, et

à faire exécuter à l'armée de Châlons une conversion à droite, en s'appuyant sur ce pivot et en se rapprochant de Château-Thierry, afin d'attaquer l'armée prussienne pendant sa marche de flanc sur Paris.

Le prince royal continuant sa marche par la ligne de la Marne, ce premier projet dut être abandonné, et le deuxième fut adopté par l'unanimité des membres du conseil.

Il était établi en vue de la jonction des armées de Châlons et de Metz, afin d'abord de dégager celle-ci de l'étreinte des armées prussiennes, et ensuite de réunir sur un même point une force considérable qui permît de reprendre dans les opérations de la guerre une offensive en rapport avec le caractère du soldat français, découragé par des retraites successives.

Ce second projet était assez simple et d'une exécution facile, pourvu qu'elle fût rapide ; il reposait en partie sur ce qui avait eu lieu en 1792, dans des circonstances à peu près analogues. Au début de la guerre de 1792, les armées coalisées présentaient un effectif de 250,000 hommes [1].

Déjà, à cette époque, les Prussiens jouissaient

---

[1] Rapport de Dubois-Crancé, ministre de la guerre. Ce rapport fut accusé d'inexactitude, afin de ne pas jeter le découragement dans nos jeunes armées. Une appréciation plus juste l'élève à 500,000 hommes.

d'une réputation militaire européenne, acquise
sous les ordres de Frédéric le Grand.

La moitié du dix-huitième siècle, dit Jomini,
s'était passée pour l'armée prussienne comme à un
grand exercice de l'état militaire, dont la guerre
de sept ans n'était pour ainsi dire qu'une démonstration.

Or, dans une étude constante des principes et
des théories de l'art de la guerre, il s'était formé
des chefs expérimentés et de bons régiments.

Il n'était question en Europe que de l'organisation, de la tactique et de la discipline des Prussiens.

Roides de tenue, les soldats manœuvraient avec
une précision toute mécanique et exécutaient avec
un ensemble parfait toutes les combinaisons de
l'art de la guerre.

Les officiers prussiens étaient aussi les meil-
leurs et les plus instruits de l'Europe; la Prusse
avait sur pied 120,000 hommes d'infanterie,
35,000 hommes de cavalerie et 8,000 d'artillerie.
Ces chiffres étaient considérables, si l'on se reporte à l'époque qui a précédé les guerres de l'Empire, qui a créé les grosses armées.

Changeons les dates et augmentons le chiffre
des effectifs des armées alliées, et ne nous semble-
rait-il pas que les lignes qui précèdent ont été
écrites pour la guerre de 1870?

En 1792, les forces ennemies, par un plus juste calcul, étaient évaluées par Jomini à 500,000 hommes; il est vrai qu'il comprenait dans ce chiffre les forces de toutes les puissances coalisées; mais aujourd'hui la Prusse, par son système de recrutement et par l'absorption des États secondaires de l'Allemagne, a pu porter, dans la guerre de 1870, son armée à un chiffre bien supérieur.

Quelles étaient les armées que la France pouvait opposer à la coalition en 1792 et à l'Allemagne réunie en 1870?

Au mois d'avril 1792, trois armées, dont le chiffre total était de 95,000 hommes, dont 64,000 hommes de bonnes troupes, composées de 48 bataillons de ligne, 31 bataillons de volontaires et 67 escadrons de cavalerie. Ce fut dans ces circonstances que le duc de Brunswick lança son fameux manifeste, prologue du système de guerre barbare que la nation prussienne devait mettre en pratique en 1870.

En effet, ce manifeste renfermait ces menaces monstrueuses : « Toutes les autorités constituées, » tous les citoyens français sans distinction, qui » combattront les alliés, seront punis de mort » comme rebelles; et toutes les villes et villages » seront frappés d'exécution militaire et de pillage » en cas de résistance ou de désordre. »

Les successeurs de Brunswick n'ont suivi que

trop fidèlement, en 1870, ces préceptes contraires
aux habitudes des nations civilisées!

L'Assemblée nationale répondit à ce manifeste
par un décret qui déclara la patrie en danger ; ce
décret porta au plus haut point l'enthousiasme,
qui a inspiré à un écrivain, général distingué de
nos jours, le général Ambert, des pages admi-
rables de patriotisme.

En 1870, le plébiscite appliqué à l'armée,
bien mal à propos, selon moi, comme je l'ai déjà
dit, avait fait ressortir aux yeux de tous que la
France ne pouvait disposer d'une armée de plus
de 250,000 hommes.

En 1793, le sentiment national surexcité avait
fait sortir de terre des armées de volontaires;
mais ces hommes sans discipline et sans cohésion
éprouvèrent d'abord des revers, comme cela doit
arriver à toutes les armées irrégulières et sans instruction militaire.

En 1870, l'armée française, chez laquelle la
discipline avait été fort altérée par les causes que
j'ai indiquées, subit les mêmes désastres que les
premières armées de 1793. Espérons que la
France reprendra son ascendant, comme elle l'a
déjà fait sous la première République, qui produi-
sit une série de généraux remarquables.

Parmi ceux-ci se distingua Dumouriez, l'un des
plus capables et le premier qui, dans la situation

désespérée de nos affaires, releva, par une combinaison hardie, le moral de nos armées et ramena sous nos drapeaux la victoire, qui, pendant de longues années, ne devait plus les abandonner!

A son quartier général à Sedan, au milieu des anxiétés que la position critique de son armée lui suscite, un éclair de génie traverse son esprit, et une combinaison audacieuse lui apparaît; il saisit la plume et adresse au pouvoir exécutif cette dépêche : *Les défilés de l'Argonne sont les Thermopyles de la France; si j'y puis être avant les Prussiens, tout est sauvé.*

Ce plan d'occupation de l'Argonne était d'une exécution difficile en présence, à Stenay, de l'armée autrichienne qui, par une marche de trente-deux kilomètres, pouvait s'emparer du défilé du Chêne-Populeux et couper la retraite à Dumouriez.

Il fallait donc une prompte résolution et une marche rapide pour la réussite de son projet.

Dumouriez ne perdit pas un moment : après avoir trompé Clerfayt par une démonstration sur Stenay, il se porta rapidement sur le Chêne, et arrêta les armées coalisées le temps nécessaire pour gagner la bataille de Valmy, qui sauva la France.

Lorsque je concevais le projet de la marche de l'armée de Châlons sur Metz, pour opérer sa réu-

13

nion à celle du maréchal Bazaine, j'avais compris que le plan de Dumouriez pouvait être exécuté en sens inverse, c'est-à-dire par une marche rapide de la vallée de la Marne dans la vallée de la Meuse.

Dans mon esprit, l'armée de Châlons pouvait être divisée en trois colonnes, comme le tableau ci-joint l'indique.

AILE DROITE Composée des 1er et 12e corps GÉNÉRAUX DUCROT ET LE BRUN			CENTRE Composé du 7e corps GÉNÉRAL DOUAY			AILE GAUCHE Composée du 5e corps GÉNÉRAL DE FAILLY		
JOURS DE MARCHE.		DISTANCES PARCOURUES.	JOURS DE MARCHE.		DISTANCES PARCOURUES.	JOURS DE MARCHE.		DISTANCES PARCOURUES.
21	À Suippe (de Mourmelon). . .	12 kil.	21	Somme-sur-Py (de Mourmelon).	20 kil. [1]	21	Betheinville (de Mourmelon). .	18 kil.
22	Sainte-Menehould.	26	22	Ville-sur-Tourbe.	16	22	Vouziers.	26
23	Clermont (Argonne).	12	23	Sainte-Menehould.	12	23	Grandpré.	15
24	Verdun.	24	24	Clermont.	12	24	Varennes.	20
25			25	Verdun.	24	25	Charny ou Verdun.	24 ou 25

[1] Par Saint-Hilaire le Grand.

Le plus grand écart entre les deux colonnes de droite et celle du centre était de vingt-quatre kilomètres pendant la marche; mais il faut remarquer que la colonne de droite est arrivée à Verdun le 24, et qu'en cas d'urgence elle aurait pu attendre la colonne du centre à *Sivry-la-Perche*, dix kilomètres de Clermont.

Ces deux colonnes réunies présentaient un effectif de 115,000 hommes, au débouché du défilé des Ilettes sur la vallée de la Meuse par Clermont, et pouvaient attendre le 5e corps, qui formait l'aile gauche.

Ce dernier corps, en s'élevant vers le Nord, confirmait le prince royal de Prusse dans la pensée que l'armée se retirait sur Paris.

En effet, une dépêche télégraphique, tombée à dessein dans les mains de ce prince, disait au maréchal de Mac-Mahon de se retirer sur Paris par Reims et Soissons.

Le 5e corps était le moins nombreux, avait perdu une partie de ses bagages et se trouvait le plus léger; il pouvait donc se rendre facilement en trois marches à Grandpré, nœud des défilés qui protégent du côté du nord la marche par Clermont sur Verdun; aucun ennemi ne s'étant présenté de ce côté, le 5e corps poursuivait sa marche pour venir par Varennes déboucher dans la vallée de la Meuse, vis-à-vis de Charny, six kilomètres nord de Verdun.

Ces marches ne présentaient aucun danger, car au moment du débouché dans la plaine, le 24, l'armée du prince royal de Saxe était encore au delà de la Meuse, et le 25 elle se retirait avec pertes après avoir attaqué, avec 10,000 hommes, Verdun, qui s'était défendu avec sa garde nationale sédentaire [2].

[2] Dépêche télégraphique du commandant de Verdun lue au Corps législatif et acclamée par les députés dans la séance du 27 août. (Voir au *Journal officiel* du 28 août.)

Cette marche sur Metz, que quelques écrivains militaires ont essayé de blâmer comme audacieuse, l'était bien moins que celle entreprise avant Sadowa par la deuxième armée prussienne (prince Frédéric-Charles et général Steinmetz), le 26 juin 1866, débouchant des défilés de la Silésie, en présence de l'armée autrichienne, maîtresse des places fortes de Kœnigsgraetz et de Josephstadt, de Kœniginhaf, s'appuyant sur l'Elbe. Là tout était contraire aux Prussiens ; ici tout nous était favorable, les passages de la Meuse à Verdun et à Charny nous appartenant.

Ces mêmes écrivains ont profité de cette circonstance pour blâmer la marche de flanc de l'armée de Châlons, comme étant très-dangereuse en présence de l'ennemi.

Mais il est nombre de circonstances, à la guerre, où ces marches ont leur raison d'être, pourvu qu'elles soient faites avec promptitude et avec toutes les précautions qu'elles réclament.

Sans aller chercher des exemples au delà du règne du grand Frédéric, n'est-ce pas par une marche rapide de flanc que ce grand capitaine fit traverser à son armée, en 1760, la plaine d'Andenheim en quittant son camp de Langhen-Reichenbach, pour aller livrer bataille aux Autrichiens et s'emparer de Torgau ?

Déjà en 1757 ce fut par une marche de flanc

que cet habile général avait fait filer son armée en
colonnes par ligne pour aller gagner la bataille
de Lissa.

Ce fut encore par une marche de flanc devant
l'armée russe que le général le plus renommé de
Frédéric, Sedlitz, porta son armée du flanc gauche sur le flanc droit de l'armée russe à Zorndorff,
et enfonça avec sa cavalerie cette armée?

Je n'ai point l'intention de faire ici un cours
d'histoire sur les marches de flanc; et sans parler
de celles exécutées par le plus grand capitaine des
temps modernes, Napoléon Ier, pendant les marches et contre-marches de sa mémorable campagne de 1814, je tiens à citer un dernier exemple,
qui me paraît avoir une certaine analogie avec ce
qui vient de se passer en 1870.

En 1712, la France, écrasée par les victoires du
prince Eugène et de la coalition, voyait la route
de la capitale ouverte à l'ennemi; sa dernière
armée, celle du maréchal de Villars, était décou-
ragée; il fallait frapper un grand coup pour sauver
le royaume.

Le génie de ce grand capitaine conçut le plan
le plus audacieux et le plus vigoureux dans son
exécution qui pût être tenté pour le salut de la
France.

Il enleva Denain et les lignes de Marchiennes,
par une marche de flanc pendant la nuit, à peu

de distance de l'armée du prince Eugène, et presque sous les yeux de ce prince.

Voici l'opinion du maréchal de Saxe sur cette opération, à laquelle, étant encore très-jeune, il avait assisté comme aide de camp du prince Eugène :

« A l'affaire de Denain, le maréchal de Villars » était perdu si le prince Eugène eût marché à » lui lorsqu'il passa l'Escaut en sa présence, par » une marche de flanc. »

C'est cependant cette marche de flanc, taxée aussi d'imprudence, qui sauva la France et la monarchie de Louis XIV. La prise de Denain enleva aux alliés tous leurs magasins et les obligea à lever le siège des villes voisines, desquelles le maréchal de Villars tira toutes les garnisons, dont les troupes vinrent augmenter son armée.

N'était-il pas évident, d'autre part, que la grande faute commise au début de la campagne de 1870 avait surtout consisté dans l'éparpillement des forces françaises opposées aux masses allemandes ?

Il fallait donc adopter un système contraire, et puisque l'armée française avait à combattre une armée trois fois plus nombreuse qu'elle ne l'était elle-même, il était rationnel de chercher à réunir sur un même point une masse compacte qui pût lutter isolément et sans désavantage du nombre contre chaque armée ennemie.

Il n'y avait pour atteindre ce but qu'un moyen, celui de la réunion des armées de Châlons et de Metz; pour y parvenir il fallait tromper l'ennemi par des marches rapides, et c'est ce qui aurait eu lieu dans le cas qui nous concerne.

J'ai expliqué plus haut que le prince royal de Prusse, trompé par une dépêche télégraphique concertée avec le maréchal de Mac-Mahon, avait continué de marcher jusqu'à Vitry-le-Français, où il était encore le 26 au matin, c'est-à-dire à vingt-cinq lieues de Verdun.

Quelque diligence que pût faire ce prince, il était impossible qu'il pût se trouver le 27 et même le 28 de l'autre côté de la Meuse à hauteur de Verdun.

Il y avait trois grandes journées de marche, si l'on ajoute aux 96 kilomètres qui séparent ces deux villes à vol d'oiseau les difficultés du terrain à travers ou en contournant les monts de la Meuse.

La bataille, qui était inévitable le 26 au plus tard, ne pouvait donc avoir lieu qu'entre l'armée de 120,000 hommes du maréchal de Mac-Mahon, en supposant qu'elle eût perdu 15,000 hommes pendant la marche, et l'armée du prince de Saxe, dont le chiffre maximum était de 70,000 hommes;

l'action devait se passer entre Verdun et Étain, dans la direction de Briey.

Ici deux hypothèses se présentent :

Si l'armée prussienne, devant Metz, tentait de venir appuyer celle du prince de Saxe, elle attirait derrière elle l'armée de Bazaine, qui dans les journées des 14, 16 et 18 août avait soutenu seule les efforts des armées réunies des Prussiens et des Saxons, et avait maintenu ses positions.

La position de ces deux armées allemandes entre deux armées françaises devenait alors très-critique, et un échec subi par les premières, sans ligne de retraite assurée, changeait totalement la face des choses.

Si au contraire l'armée du prince Frédéric-Charles continuait à observer l'armée de Metz, l'armée saxonne essuyait très-probablement une défaite qui la rejetait sur celle de Metz, et celle-ci était obligée de se retirer ; la jonction était faite.

En exposant les détails de la marche sur Metz, tels que je les avais soumis au conseil des ministres, loin de moi la pensée de contrôler l'opération tentée d'une autre manière par le maréchal de Mac-Mahon.

Je crois au contraire qu'elle pouvait réussir complétement par les défilés du Nord, et je suis confirmé dans cette opinion par le dire d'un colonel saxon qui, le 6 septembre, à Sedan même, faisait à une personne de mes amis l'aveu que l'armée saxonne s'était crue un moment tournée.

J'étonnerai bien des critiques en disant que le prince de Saxe a parlé dans le même sens à un général français des plus honorables, de qui je tiens directement le fait.

Il ne m'appartient pas de rechercher les causes qui ont pu contribuer à la ruine d'un plan conçu et exécuté par un maréchal de France que l'armée, dont il possède à juste titre l'estime tout entière, considère comme un véritable Bayard, sans peur et sans reproche.

Faut-il attribuer le désastre de Sedan aux causes indiquées dans deux brochures sans nom d'auteur, mais qui cependant me paraissent les seules dignes d'une attention sérieuse ; ou faut-il en rendre responsable la fatalité qui a mis le maréchal de Mac-Mahon hors d'état de commander son armée dès le commencement de la bataille du 1er septembre, fatalité qui n'a cessé de peser sur nos armes pendant cette triste année 1870 et qui a continué en 1871 ? Je reviens aux deux brochures citées, dont voici des extraits.

L'une, intitulée *la Campagne de* 1870 *jusqu'au 1er septembre, par un officier de l'armée du Rhin*, contient, chapitre V, page 82, cette appréciation :

« Après avoir, dans l'intérêt de la vérité, con-
» staté que le plan d'une jonction de l'armée de

» Châlons avec celle de Bazaine avait été imposé
» presque malgré lui au maréchal de Mac-Mahon,
» je vais examiner quels moyens ce dernier em-
» ploya pour y parvenir, et, dans cette seconde
» phase, il devient évidemment seul responsable
» de ses actes et des opérations qu'il fit exécuter
» à son armée.

» Une entreprise aussi téméraire n'avait pour
» elle qu'un élément de succès : une rapidité fou-
» droyante dans la marche. Il fallait profiter du
» désarroi dans lequel allait se trouver le prince
» royal, auquel la *retraite* de notre armée du
» camp de Châlons sur Reims ferait supposer un
» mouvement de concentration sur Paris, et qui,
» pendant quelques jours peut-être, au milieu de
» ces vastes plaines de la Champagne, pourrait
» perdre la trace de nos opérations.

» Pas une minute n'était à perdre : le plan de
» la marche, mûrement étudié et arrêté d'une fa-
» çon immuable, devait avoir pour base l'effort
» maximum [1] que l'armée pouvait produire cha-
» que jour, et rien ne devait, sous quelque pré-
» texte que ce fût, en modifier le programme. Si
» l'ennemi se présentait, il fallait l'attaquer im-
» médiatement, car marcher côte à côte avec
» lui, c'était lui permettre une concentration

[1] On a vu par la marche tracée qu'il n'était pas nécessaire de faire un *effort maximum.*

14

» progressive et diminuer de plus en plus nos
» chances de succès. »

La seconde brochure a paru sous le titre :
Campagne de 1870, *histoire de l'armée de Châlons, par un volontaire de l'armée du Rhin.*

Ce dernier ouvrage, bien supérieur à tout ce
qui a paru sur la campagne de Sedan, après avoir
blâmé d'abord comme une entreprise très-péril-
leuse le plan de jonction des armées de Châlons
et de Metz, s'exprime en ces termes, page 74 :

« Notre seule chance de succès était dans la
» netteté de conception du plan de campagne,
» dans la rapidité de l'exécution et dans la déci-
» sion de l'attaque.

» Mais le maréchal de Mac-Mahon n'avait pas
» la foi, et tout s'en ressentit.

» La résolution une fois prise de marcher sur
» Metz, il fallait, sans perdre une minute, la
» poursuivre, sans tourner la tête en arrière et
» sans écouter des regrets tardifs et désormais
» inutiles.

» Il fallait aller droit sur le prince de Saxe, sans
» chercher à éviter un combat nécessaire, par ces
» oscillations sans nombre qui ont ralenti notre
» marche et donné le temps au prince royal de
» nous atteindre.

» Si d'avance on n'était pas fermement résolu à
» livrer bataille au prince de Saxe et à l'écraser

» sur notre passage à tout prix, cette marche
» par le Nord, où nous avancions dans une
» langue de terre étroite, bordée d'un côté par
» la frontière belge et de l'autre par les colonnes
» ennemies, entraînait d'avance la perte certaine
» de l'armée, réduite à la fuite en pays neutre ou
» à une lutte inégale, dès que l'armée de la Meuse
» et l'armée du prince royal viendraient à faire
» leur jonction.

» Si, au contraire, on admettait nettement la
» nécessité d'un combat, notre plan de campagne
» était tout tracé, et *maintenant encore, où nous*
» *avons pu juger de près toutes les difficultés de*
» *cette entreprise, on peut affirmer qu'elle était*
» *loin d'être irréalisable pour un homme vrai-*
» *ment résolu.* »

Je constate purement et simplement ces deux
opinions, sans me reconnaître le droit de les com-
menter ou de les approuver.

Un seul point me paraît devoir être relevé dans
la citation que j'ai faite de la première brochure,
c'est celui qui tendrait à faire croire que le maréchal de Mac-Mahon n'a cédé qu'aux instances du
conseil des ministres pour marcher vers Metz :
voici la manière exacte dont les faits se sont passés, et qui justifie le maréchal de ce qui eût été un
acte de faiblesse de la part d'un général d'un caractère aussi élevé.

Il ressort d'une dépêche télégraphique, datée du camp de Châlons, 20 août, huit heures quarante-cinq minutes du matin, que le maréchal voulait se porter d'abord vers Bazaine, contrairement au plan proposé à Châlons par le général Trochu, puisqu'il demandait des renseignements sur la direction prise par le maréchal.

Le même jour, à trois heures quarante minutes, je répondais par télégraphe au maréchal de Mac-Mahon et je lui indiquais la position de Bazaine le 18 au soir.

Il paraît que ma dépêche ne lui donnait pas toutes les indications qu'il aurait désirées; il reprit son projet de marche vers Paris, ainsi que le prouve la direction qu'il suivit le 21.

En effet, l'armée avait quitté Châlons le 21 août, se dirigeant sur Reims.

Le président du Sénat, M. Rouher, ayant le vif désir de revoir l'Empereur après les premiers malheurs de la campagne, partit *proprio motu*, le samedi soir, 20 août, pour le camp de Châlons, mais sans aucune mission du conseil des ministres, qui n'eut pas connaissance de cette démarche.

Il trouva le camp levé et les troupes en marche dans la direction de Reims; il poursuivit alors sa route vers cette ville et atteignit le quartier général à Courcelles.

L'Empereur ayant réuni le maréchal de Mac-Mahon et le président du Sénat, la conversation s'engagea sur le terrain de la politique. Le projet de se retirer sur Paris étant mis en avant par l'Empereur, comme il avait primitivement été arrêté à Châlons, le président du Sénat fit valoir, au point de vue politique, les motifs qu'il jugeait les plus sérieux en faveur de la marche vers Bazaine, pour ne pas blesser l'opinion publique par l'abandon de l'armée de Metz.

Le maréchal de Mac-Mahon ne considérant l'opération que sous le rapport militaire, persista dans l'opinion qu'il fallait rallier Paris.

Il basait surtout sa manière d'envisager la question sur l'impossibilité dans laquelle se trouvait le maréchal Bazaine de tenir la campagne plus de quatre ou cinq jours, faute de vivres, et étant enfermé par les Prussiens dans un cercle de fer.

Le président du Sénat revint à Paris pendant la nuit du dimanche 21 au lundi 22, et à neuf heures du matin il fit connaître au conseil son voyage, et la démarche qu'il avait tentée sans succès.

Cependant un agent forestier avait pu apporter, dans la matinée du lundi, au quartier général, une dépêche de Bazaine par laquelle il annonce qu'il compte toujours prendre la direction *du Nord*.

Cette dépêche de Bazaine modifia certainement

la décision du maréchal de Mac-Mahon, puisque
par dépêche télégraphique datée du lundi matin
22, il m'annonçait son intention de marcher sur
Metz.

Au moment même où ce dernier télégramme du
maréchal arrivait à Paris, le conseil, prévenu de
ses intentions par le président du Sénat, venait
d'expédier une dépêche pressant le maréchal de
se porter vers Bazaine : les deux dépêches durent
se croiser sur les fils télégraphiques; c'était donc
de son propre mouvement que le commandant en
chef de l'armée de Châlons avait repris sa marche
sur Metz.

Le conseil des ministres a pu faire connaître
son avis et son désir au maréchal, mais il connaissait trop bien la limite de ses pouvoirs et
l'étendue de ceux d'un chef d'armée, pour lui
donner, comme on l'a prétendu, des ordres que
le caractère ferme et résolu du maréchal de
Mac-Mahon n'aurait pas manqué de décliner s'ils
eussent été contraires à son initiative personnelle.

Le maréchal ayant tracé sa direction par le
Nord, il fallait lui fournir deux points d'appui : l'un
à Reims, pour protéger sa marche, et la division
d'Exéa, du 13e corps, forte de 10,000 hommes,
fut envoyée dans cette ville; l'autre à Mézières,
pour soutenir son arrière-garde; le restant du
13e corps, 22,000 hommes, fut chargé, sous les

ordres du général Vinoy, de cette opération, dont
il s'acquitta parfaitement.

Cet envoi du 13ᵉ corps, en entier, pour concourir au but que se proposait le maréchal de
Mac-Mahon, répond suffisamment à l'allégation
incroyable que la marche sur Metz était faite dans
le seul intérêt dynastique.

Si le gouvernement avait pu supposer qu'une
révolution aurait lieu à Paris, en présence de l'invasion étrangère, aurait-il dégarni de troupes la
capitale? Son tort, au contraire, fut dans une trop
grande confiance, que ne méritaient pas les
hommes du 4 septembre!

Quelques écrivains militaires qui ne se sont
pas fait connaître, ou d'autres dont le nom est
sans grande autorité, après avoir blâmé l'opération, après coup, parce qu'elle n'a pas réussi,
ont poussé la critique jusqu'à nier les heureuses
conséquences que devait procurer la réussite
du plan de jonction des armées de Châlons et de
Metz.

J'avoue qu'à cette négation de l'évidence
toutes mes idées militaires se trouvent confondues.

Comment peut-on douter de ce que devait produire la réunion de deux armées d'un chiffre total
d'au moins deux cent cinquante mille hommes,
composées de soldats exercés conduits par de
bons officiers, quand l'armée de la Loire, sous les

ordres du général d'Aurelle, a remporté à Coul-
miers un véritable succès contre les Prussiens, et
quand l'armée du Nord, sous les ordres du général Faidherbe, a lutté pendant quelque temps
avec avantage contre des forces bien supérieures
et pourvues de tout ce qui leur était nécessaire ;
quand à Wissembourg, enfin, une seule division française a tenu tête à toute une armée prussienne, et lui a fait éprouver des pertes énormes ?
Fallait-il ramener l'armée de Châlons dans Paris,
comme l'idée en avait été émise ? il serait curieux
de savoir pourquoi et dans quel but.

Mais depuis quand, à la guerre, a-t-on jamais
cherché à renfermer dans des villes assiégées des
armées qui doivent au contraire tenir la campagne
le plus longtemps possible, et chercher à dégager
les armées enfermées ? N'est-ce pas là le rôle que
les armées extérieures ont joué pendant tout le
siége de Paris et pendant celui de Belfort ?

L'armée de Châlons, forcée de se réfugier dans
Paris, y apportait cent trente-cinq mille bouches
de plus à nourrir, sans utilité, puisque la garnison
de Paris était plus que suffisante pour défendre la
capitale et même pour percer les lignes prussiennes, si l'on eût adopté et suivi un plan d'ensemble bien combiné !

Enfin, si les armées de Châlons et de Metz
avaient été réunies le 27 ou le 28 août, elles au-

raient certainement combattu avantageusement contre les armées du prince Frédéric-Charles et de Steinmetz, contre lesquelles l'armée seule du maréchal Bazaine avait lutté, non sans succès, les 14, 16 et 18 août, comme je l'ai déjà dit.

Quelque rapide qu'eût été la marche du prince royal de Prusse, *je le répète*, il n'aurait pu arriver devant les deux cent cinquante mille hommes réunis de Mac-Mahon et de Bazaine qu'après trois jours de marches forcées, puisque le 26 il était encore à Vitry-le-François, où seulement il apprit la marche de l'armée de Châlons ; il n'aurait pu paraître sur le champ de bataille que le 29 et avec une armée épuisée de fatigue.

La réunion des deux armées françaises donnait à celle de Metz la confiance dans le nombre, et à celle de Châlons l'énergie qui devait résulter de l'émulation qui se serait établie entre elles : à mon avis, les résultats obtenus de cette jonction eussent été incalculables !

Le soldat français, dont le caractère militaire se développe surtout dans la guerre offensive, aurait repris son ardeur habituelle et sa confiance dans ses chefs ; Metz était débloqué, et le prince royal de Prusse était obligé de battre en retraite avec son armée, fatiguée par les marches forcées qu'elle venait d'opérer.

M. le général Trochu ayant quitté le comman-

dement du 12ᵉ corps d'armée, j'avais dû chercher
un général capable de le remplacer.

Je connaissais depuis longtemps le général de
Wimpffen, que je savais être un officier général
très-actif et très-énergique.

Il venait d'accomplir dans le sud-ouest de la
province d'Oran, qu'il commandait, une expédition difficile, et s'en était tiré avec succès. Je jetai
donc les yeux sur lui ; il demandait à servir active-
ment en France.

Après avoir fait part au conseil de mon dessein
de lui confier le 12ᵉ corps d'armée, je l'appelai à
Paris par dépêche télégraphique.

Cet officier général, sans perdre un seul jour,
s'embarqua immédiatement pour venir prendre le
commandement que je lui destinais, et le 28 je le
reçus au ministère.

Je lui fis part de mes projets, et je lui remis un
ordre de commandement en chef, dans le cas où le
maréchal de Mac-Mahon serait mis hors de combat.

Cet ordre était dans les règles du commandement, puisque M. le général de Wimpffen allait
se trouver le plus ancien des commandants de
corps d'armée, et il aurait dû le communiquer
immédiatement au maréchal de Mac-Mahon.

M. le général de Wimpffen vient de publier un
ouvrage sur la campagne de Sedan, où quelques
erreurs de mémoire, sans doute, se sont glissées.

Il a rapporté une conversation que nous aurions eue, et dans laquelle il me prête ces paroles : « Le plus grand embarras est aujourd'hui causé » par l'Empereur, dont la situation était des plus » fausses. » Cette assertion est complétement en désaccord avec la lettre que m'écrit le général, en m'envoyant son rapport ci-joint sur la bataille de Sedan; en effet, voici comment cette lettre débute :

« MON GÉNÉRAL,

» Je puis dire : Je suis venu, j'ai vu, et j'ai été » battu.

» En vérité, nous connaissions bien peu l'état » de l'armée du maréchal de Mac-Mahon et *le* » *grave inconvénient d'y avoir un souverain,* » moi pour tenir à m'y rendre, et vous pour m'y » envoyer. »

Je ne pense pas avoir dit que le maréchal se laissait aller trop facilement aux suggestions de Sa Majesté et de son entourage, puisque j'ai déclaré à plusieurs reprises que l'Empereur ne se mêlait en rien des opérations militaires, ce que j'ai prouvé plus haut.

Le général s'est également trompé en disant que je dirigeais les affaires militaires, aidé d'un comité spécial. Je n'ai rien fait sans avoir exposé mes idées, comme je devais le faire, au conseil

des ministres, et sous la présidence de l'Impératrice régente.

Je n'ai pas à m'occuper davantage de la brochure du général de Wimpffen, qui renferme des
appréciations politiques qui lui sont entièrement
personnelles : elles ont suscité de la part de quelques généraux des réclamations très-vives, au
milieu desquelles je n'ai point à intervenir.

Le général parle plus loin du projet de le conserver à Paris : je n'en ai nulle souvenance; mais
il se trompe certainement lorsqu'il croit que ce
projet fut discuté dans les conseils du gouvernement; il n'en a jamais été question.

Ce qui me fait douter de la mémoire du général
de Wimpffen dans cette occasion, c'est le projet
que j'avais formé relativement à ce 14ᵉ corps
d'armée dont il parle, projet dont on peut lire
les détails un peu plus loin.

Il ne m'était pas permis, d'ailleurs, d'enlever
au général Trochu une position qu'il occupait en
vertu d'un décret impérial.

Que j'aie exprimé au général de Wimpffen mon
regret de ne pas le voir gouverneur de Paris, cela
est possible et pouvait entrer dans mes idées dans
les derniers jours qui ont précédé la catastrophe
du 4 septembre, mais rien de plus !

Le général de Wimpffen partit pour rejoindre
l'armée du maréchal de Mac-Mahon, où il n'arriva

que pour être en quelque sorte témoin du désastre
du 1ᵉʳ septembre, et signer comme général en chef
une capitulation dont le texte est ci-joint, aux
Pièces justificatives, avec son rapport et celui du
général Douay, commandant le 7ᵉ corps d'armée.

Pour en terminer avec les opérations militaires,
je dirai qu'il est un précepte que nous négligeons
trop en France aujourd'hui. Au nombre des éléments de succès à la guerre, il faut de l'audace et
de la rapidité dans l'exécution; les Allemands nous
en ont donné l'exemple.

Imbu de ce principe, j'ai voulu le mettre en
pratique au moment même de l'organisation de
l'armée de Châlons. J'avais formé un 14ᵉ corps
d'armée, sous les ordres d'un général capable
d'exécuter un coup de main hardi, du brave général Renault, tué depuis à la bataille de Champigny.

Ce corps, de 30,000 hommes, devait être trans-
porté par les voies rapides à Belfort, où j'avais,
sous la condition du plus grand secret, déjà réuni
une partie des troupes, et où j'avais envoyé un
officier d'ordonnance pour me tenir au courant de
la situation.

Le général Renault, le général Appert, son chef
d'état-major général, et M. l'intendant Blondeau,
chargé de l'organisation des transports de la guerre,
étaient seuls dans la confidence de mon projet de
lancer ces 30,000 hommes sur le duché de Bade

pour y jeter l'épouvante et opérer une diversion sur ce point; ce corps se serait ensuite replié sur le camp de Belfort.

Ce projet fut considéré comme une *aventure*, comme si la guerre elle-même n'était pas une succession d'aventures plus ou moins bien combinées; il n'y fut donc pas donné suite.

Que l'on se rappelle cependant l'effet produit, de l'autre côté du Rhin, par les 300 volontaires qui le traversèrent à cette époque et le repassèrent presque immédiatement!

Toute l'Allemagne retentit du bruit que les Français avaient passé le Rhin et marchaient sur Berlin. La terreur régnait dans tout le duché de Bade.

Ce bruit tomba bientôt quand on connut le petit nombre d'envahisseurs du territoire allemand; mais il n'eût pas eu pareil sort s'il eût été fondé sur la présence d'une armée de 30,000 hommes.

Ce sont surtout les circonstances difficiles qui exigent à la guerre les qualités que je recommande : l'audace dans les conceptions, et la promptitude dans l'exécution.

Faut-il traiter d'aventure cette grande manœuvre de Napoléon Ier, qui, le 26 janvier 1814, prévoyant tous les dangers de la jonction des armées russe et autrichienne à Troyes, prend une décision des plus audacieuses?

Blücher avait déjà son corps d'armée d'avant-garde à Brienne et son centre à Saint-Dizier; Schwarzenberg était à Bar-sur-Aube; en quarante-huit heures la jonction devait être faite.

L'Empereur Napoléon ne disposait que de 70,000 hommes; les armées alliées des deux généraux ennemis étaient trois fois plus nombreuses et s'alimentaient chaque jour par de nouveaux renforts.

Napoléon n'hésite pas; le 27 janvier il se jette sur le centre de l'armée russe à Saint-Dizier, culbute ce corps d'armée, qui est obligé de se retirer sur Brienne, et par une marche rapide sur Langres par Chaumont, passe entre la tête de l'armée de Schwarzenberg et la queue de l'armée de Blucher, et vient à Brienne livrer la bataille qui fut pour nos armes une nouvelle victoire, mais malheureusement sans grands résultats, en présence du renouvellement incessant des forces de la coalition.

Combien d'autres exemples ne pourrais-je pas citer pour confirmer le précepte? La célèbre campagne de 1814 en fournirait plus d'un.

Nos affaires marchaient mieux, et j'avais pris toutes les mesures qui me semblaient propres à assurer la réussite d'un plan à la prompte exécution duquel j'attachais l'honneur et la fortune de la France.

Malgré une grande perte de temps dans la marche de l'armée, je fus rassuré par une dépêche télégraphique datée du 31 août, six heures cinq minutes du matin, qui m'annonçait le passage de la Meuse par une partie des troupes; j'espérais que les ponts détruits donneraient encore une avance au maréchal de Mac-Mahon sur l'armée du prince royal.

Je n'ai pas besoin de dire quelle fut ma douleur en apprenant la catastrophe de Sedan et la ruine d'un projet auquel mon patriotisme m'avait fait travailler avec tant d'ardeur!

Lorsque la nouvelle de ce désastre fut connue, je ne pouvais y croire, tant le succès me paraissait assuré.

Je ne pouvais comprendre qu'une armée française aussi considérable eût pu capituler sans avoir cherché à se faire jour, en temps utile, soit en avant, soit en arrière de Sedan.

Informé de ce revers effroyable et inattendu, le jeudi 3 septembre, après la séance du Corps législatif, le conseil des ministres s'assembla le même jour, à six heures du soir, chez l'Impératrice régente, et des mesures furent prises pour donner connaissance à la France de cette déplorable nouvelle.

Une proclamation faisant appel au patriotisme de la nation fut affichée à huit heures du soir sur les murs de la capitale. A onze heures, j'appris indirectement que le président du Corps législatif, sur la demande de quelques députés, l'avait convoqué pour minuit. Plusieurs de mes collègues ne reçurent même l'avis de cette convocation que le lendemain, et ne vinrent que par suite d'un avis que je leur fis parvenir.

Les ministres se réunirent chez M. le président de l'Assemblée, et là une longue délibération eut lieu; il régnait dans la salle des Pas perdus une grande agitation parmi les députés, et l'on pouvait déjà pressentir les événements que la triste capitulation de Sedan pourrait faire éclore.

Pendant que nous délibérions, plusieurs députés me firent prier de passer dans la salle attenante au salon du président.

Je me rendis au désir de ces messieurs, et alors, au nom de la majorité des députés, ils me firent la proposition de prendre la dictature pour sauver la position.

Je répondis à ces messieurs que s'il fallait donner ma vie pour sauver mon pays, je n'hésiterais pas; mais qu'il était question pour moi de commettre un acte contraire à l'honneur, et que je ne pouvais pas le faire.

En effet, pour accepter la dictature il eût fallu d'abord me rendre complice de l'acte de déchéance

16

du gouvernement auquel j'avais fait serment de
fidélité et dont j'étais le premier ministre.

Je déclarai donc à messieurs les députés qu'accepter ce qu'ils me proposaient serait à mes yeux
un acte de trahison dont je ne me rendrais jamais
coupable.

Je rentrai au milieu des ministres mes collègues,
et je leur fis part de la proposition qui m'avait été
faite et de ma réponse ; j'eus la satisfaction d'obtenir leur approbation entière.

Nous concertâmes, dans le conseil que nous
tînmes chez M. le président Schneider, les mesures à prendre, et nous nous rendîmes à l'Assemblée, très-impatiente de connaître les résolutions
du gouvernement en présence de la crise qui
nous menaçait.

Nous avions considéré la convocation de messieurs les députés à l'heure de minuit comme une
manœuvre de la gauche radicale pour surprendre
le vote de déchéance de l'Empire.

Nous fûmes confirmés dans cette pensée en
voyant des rassemblements assez nombreux entourer le Corps législatif, malgré l'heure avancée
de la nuit ; et certainement ceux qui les com-
posaient n'étaient pas là avec des intentions paci-
fiques.

Un ministre, de mes collègues, m'a dit depuis
qu'on lui avait affirmé que plusieurs députés de

l'opposition les avaient harangués en les engageant à revenir le lendemain à midi. Je ne puis attester ce fait d'une manière plus certaine, mais les événements postérieurs ajoutent beaucoup à sa probabilité.

Dans cet ordre d'idées, nous résolûmes de demander la remise de la séance au lendemain dimanche, afin que tous les députés fussent prévenus à temps et pussent y assister.

L'Assemblée consentit à la remise demandée ; néanmoins M. Jules Favre monta à la tribune et fit la proposition de déchéance de l'Empire.

Elle fut mal accueillie par la grande majorité des députés, qui ne vit dans cette proposition que l'intérêt privé d'un parti au moment où toutes les opinions auraient dû ne former qu'un faisceau, pour ne pas diminuer les forces de la défense nationale !

Le dimanche 4 septembre, jour célèbre dans les annales révolutionnaires et à jamais néfaste dans l'histoire de la France, qu'il a livrée aux hommes les plus incapables, le Conseil des ministres se réunit, comme d'habitude, à huit heures et demie, et fut présidé par l'Impératrice régente, qui montra un grand courage, bien que pressentant les malheurs qui pouvaient l'accabler !

Il fut résolu dans ce conseil qu'il serait présenté un projet de loi à faire approuver par la Chambre des députés, et qui modifierait le conseil de régence en lui adjoignant deux sénateurs et trois députés. Ce projet était ainsi conçu :

I. Un conseil de régence et de défense nationale est institué. Ce conseil est composé de cinq membres; chaque membre de ce conseil est nommé à la majorité absolue par le Corps législatif.

II. Les ministres sont nommés sous le contreseing des membres du conseil.

III. Le général comte de Palikao est nommé lieutenant général de ce conseil.

Je crois devoir ajouter ici, on le comprendra facilement, que je ne fus pour rien dans la rédaction de l'article III. J'étais loin d'ambitionner un poste que mes collègues voulurent m'attribuer, et pour lequel l'Impératrice confirma le choix de ma personne.

J'arrivai vers midi au Corps législatif, en sortant du conseil, et là je fus entouré par un grand nombre de députés parmi lesquels il régnait une agitation extraordinaire, causée par la crise dans laquelle se trouvait le pays, et par l'ignorance de ce qui pourrait advenir.

Je communiquai à messieurs les députés le projet de loi arrêté en conseil le matin; mais aucun ne fut d'avis que je le proposasse à la Chambre en laissant subsister le mot de Régence, que la majorité ne pourrait adopter.

M. Thiers avait proposé de remplacer le mot de Régence par celui de *gouvernement*.

Chacun semblait se rallier à cette rédaction; mais je ne pouvais l'accepter, puisqu'elle prononçait tacitement l'inauguration d'un nouveau gouvernement et la déchéance de l'Impératrice régente.

Je crus pouvoir écarter ces difficultés en modifiant la rédaction du projet de la manière suivante :

I. Un conseil *du* [1] gouvernement et de défense nationale est institué. Ce conseil est composé de cinq membres; chaque membre de ce conseil est nommé à la majorité absolue par le Corps législatif.

II. Les ministres sont nommés sous le contre-seing des membres de ce conseil.

III. Le général comte de Palikao est nommé lieutenant général de gouvernement.

Ma pensée fut accueillie par la majorité des députés, et je m'empressai de la communiquer aux ministres mes collègues, qui l'acceptèrent.

M. Jérôme David voulut bien se rendre auprès de S. M. l'Impératrice pour lui soumettre la nouvelle rédaction du projet de loi qui paraissait devoir être acceptée par la Chambre.

L'Impératrice me fit répondre qu'elle s'en rap-

---

[1] Le mot *du gouvernement* au lieu *de gouvernement* laissait subsister l'idée du gouvernement tel qu'il était constitué.

portait entièrement à moi, et qu'elle approuverait tout ce que je ferais.

Fort de cet assentiment et de celui de la majorité de la Chambre, je montai à la tribune et je soumis le projet à messieurs les députés.

Le Corps législatif entra en séance et l'on entendit les trois propositions : celle du gouvernement, celle de M. Thiers et celle de M. Jules Favre, qui reçut peu d'accueil.

Messieurs les députés durent se retirer dans les bureaux pour délibérer. Mais avant qu'aucune décision pût être prise, la salle fut envahie par cette tourbe révolutionnaire, toujours prête à tous les coups de main contre l'ordre et contre toute espèce de pouvoir.

Il était écrit que les mêmes hommes qui chaque jour récriminaient avec violence contre le coup d'État de 1852 donneraient le signal d'un attentat bien autrement coupable envers la représentation nationale, puisqu'en présence de l'étranger vainqueur et presque aux portes de la capitale, ils feraient une révolution qui diviserait les forces de la défense nationale.

Au moment où j'occupais la tribune, M. Gambetta se leva de son banc et fit un signe de la main aux individus qui occupaient les tribunes publiques. Était-ce un appel à l'envahissement ? était-ce, au contraire, un signal d'apaisement ? Je ne puis me prononcer d'une manière certaine à ce sujet.

Ce que je puis affirmer sans crainte de me tromper, c'est que pendant la délibération dans les bureaux, plusieurs députés de la gauche, entre autres M. Picard et M. Pelletan, excitaient les envahisseurs à proclamer la République, dans la salle des Pas perdus.

M. Picard était monté sur un tabouret près de la porte d'entrée, et, en ce moment, je dus repousser énergiquement les attaques de M. Pelletan, qui, par les agressions les plus violentes, cherchait à ameuter contre moi cette foule inconsciente des malheurs qu'elle préparait à la France.

Mon aide de camp, M. le lieutenant-colonel Barry, M. le capitaine de Brémont, mon officier d'ordonnance, et un ancien colonel d'état major, M. de Sercey, m'arrachèrent des mains de ces hommes égarés, et je quittai, le dernier de tous, le Corps législatif avec mon collègue M. Brame, ministre de l'instruction publique. Les autres ministres s'étaient rendus auprès de la Régente.

Il était environ trois heures. Je me rendis de suite aux Tuileries, pour savoir si l'Impératrice régente aurait des ordres à donner; mais Sa Majesté était partie, et déjà la foule envahissait la cour des Tuileries; la garde du château quittait ses postes, par quel ordre? je l'ignore encore.

Je crois inutile de revenir sur les faits que j'ai consignés dans ma lettre du 21 juin au président de la commission d'enquête parlementaire sur les actes des auteurs du 4 septembre; mais pour lui donner la suite qu'elle comporte, j'ajoute ces quelques lignes.

Après avoir quitté la France le 4 septembre au soir, je m'étais rendu à Namur pour le motif grave dont j'ai donné connaissance dans cette lettre : le bruit de la mort de mon fils.

Le 20 septembre, libre de la pénible préoccupation qui m'avait conduit en Belgique, j'écrivis à Tours, à la délégation du gouvernement de la défense nationale, que j'offrais mes services pour la défense du territoire. Le journal *l'Indépendance belge* de Bruxelles mentionna ce fait, comme étant venu à sa connaissance par sa correspondance particulière de Londres du 7 octobre.

N'ayant pas reçu de réponse à ma première lettre, et le cœur navré des maux de la patrie, je me rendis chez M. Taschard, ministre de France en Belgique, et je lui remis une nouvelle lettre, datée du 8 octobre 1870, par laquelle je réitérais l'offre de mes services militaires pour la défense de mon pays.

Mais de nouvelles complications venaient de se produire en France : M. Gambetta s'était rendu à Tours et avait pris la direction des affaires; un certain désaccord se manifestait déjà parmi les membres du gouvernement de la défense nationale.

J'ai su depuis, par un haut fonctionnaire de ma connaissance qui faisait partie à Tours du conseil dans lequel fut agitée la question qui me concernait, que M. Gambetta seul avait été opposé à l'acceptation de mes services.

Depuis, en voyant la manière dont plusieurs officiers généraux avaient été traités par le prétendu gouvernement de la défense nationale, et que ceux même qui avaient obtenu des succès avaient été en butte aux outrages, j'ai compris que mon concours eût été infructueux.

Je n'aurais jamais voulu accepter la responsabilité d'opérations militaires tracées par des hommes étrangers au métier des armes, et qui s'étaient improvisés stratégistes en vingt-quatre heures [1].

Je rentrai en France au moment de l'armistice, et je me rendis à Bordeaux, où j'écrivis au chef du pouvoir exécutif que si la guerre devait se prolonger, j'offrais encore mon épée à la France.

Je reçus de M. Thiers une réponse très-élogieuse; mais la paix ayant été conclue, je dus rester dans l'inaction, après une carrière aussi agitée par les événements militaires que brisée par la dernière secousse politique du 4 septembre 1870.

[1] Voir aux Pièces justificatives, page 180.

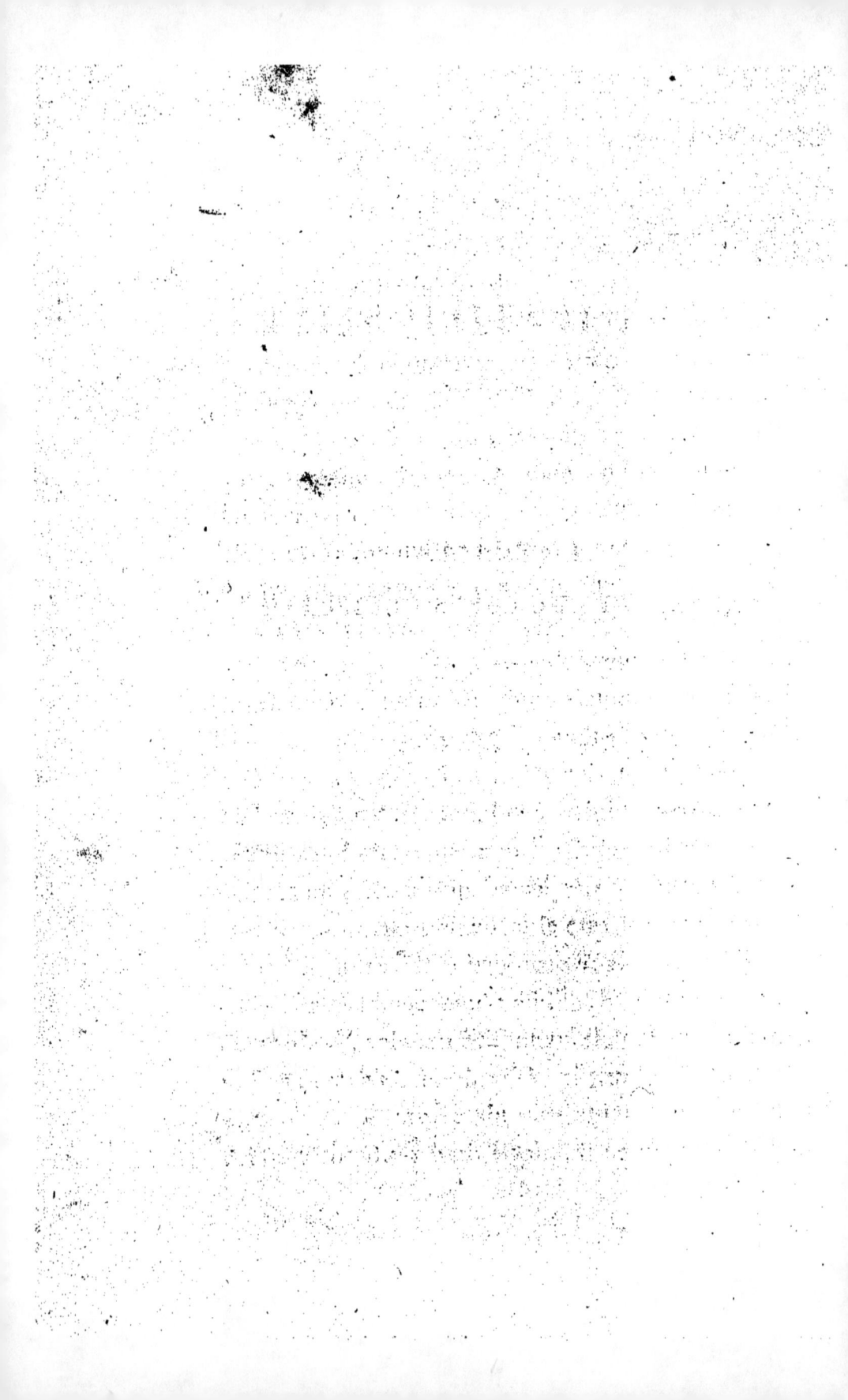

PIÈCES JUSTIFICATIVES.

I

EXTRAITS

DES SÉANCES DU CORPS LÉGISLATIF.

Séance du 9 août.

M. JULES FAVRE : Je demande d'urgence l'armement immédiat de la garde nationale de Paris.

Sur divers bancs : Et de la France entière.

M. JULES FAVRE : Oui, de la France.

Je crois que l'urgence de cette proposition n'a pas besoin d'être longuement discutée, et je demande à la Chambre de vouloir bien le déclarer.

M. LE PRÉSIDENT : Je prie M. Jules Favre de vouloir bien caractériser de nouveau et successivement ses propositions, avant que je consulte la Chambre.

M. JULES FAVRE : La première proposition que

j'ai eu l'honneur de faire est relative à l'armement *immédiat* des gardes nationales de France.

Sur plusieurs bancs : De France... Très-bien !

M. LE PRÉSIDENT : Je consulte la Chambre sur l'urgence, qui est réclamée sur cette première proposition.

(La Chambre, consultée, déclare l'urgence.)

M. ERNEST PICARD : Par l'adoption de cette proposition, nous aurons en huit jours cinq cent mille soldats exercés. (Toujours la même illusion des députés de la gauche, qui confondent des hommes avec des soldats!)

Séance du 10.

M. GAMBETTA : La question de l'armement est une question de salut public.

M. JULES FAVRE : Vous ne voulez pas armer la nation.

M. CRÉMIEUX : Non, ils ne veulent pas de l'armement de la patrie.

M. RASPAIL : Ils ont plus peur de la garde nationale que des Prussiens.

M. GAMBETTA : Je dis que la question qui est posée de l'armement est une question de suffrage universel dans la France entière, une question de salut public (Mouvements divers.); car, écoutez-le, ce que nous avons devant nous, c'est la **Prusse**, c'est toute la nation prussienne armée.

Depuis 1850, cette nation masse ses enfants et les prépare à la guerre ; elle nous a surpris. (Interruptions.) Ne m'interrompez pas, car je prouve le droit, le devoir et la légitimité de la résistance nationale. (Rumeurs.) C'est une nation tout entière que nous avons devant nous. Vous lui avez opposé une armée dont personne plus que moi n'admire l'héroïsme ; mais faites-y bien attention, en présence d'une nation armée, il faut que nous ayons aussi une nation armée.

La nation, la France est debout ; voulez-vous l'armer ? (Applaudissements à gauche.) Voilà la question. Et lorsque vous lui dites, évoquant ses plus grands souvenirs : Français, avez-vous dégénéré ? vous rappelez-vous les soldats de 1792 ? n'est-ce qu'une déclamation stérile, ou l'annonce d'une conduite virile ? Donc armez les mains du peuple de Paris, de la France entière.

Votons, il y a urgence ; et le péril public doit avoir formé une opinion à ce gouvernement nouveau. (Vives marques d'approbation et applaudissements à gauche.)

M. Jérôme David, voulant laisser au gouvernement le temps de s'occuper utilement de la question, réclama l'ajournement de cette question jusqu'au lendemain, et les députés Dalmas,

Crémieux, Cochery, ne voulaient admettre aucun délai, bien qu'il n'y eût que deux ministres présents au même moment à la séance.

L'impatience était telle que M. Gambetta, après le beau discours qu'il venait de prononcer et dont je reconnus tout le patriotisme, crut devoir reprendre la parole et accuser le ministère d'une pensée qu'il n'avait pas, et que les événements n'ont que trop bien justifiée, s'il l'avait eue. Il parla ainsi :

M. GAMBETTA : Je suis convaincu, pour ma part, que si le ministre des travaux publics voulait expliquer sa pensée, elle ne serait pas loin de l'interprétation que je lui donne, à savoir, qu'il croit que nous demandons des armes, ou que l'on demande des armes pour troubler l'ordre.

Il serait trop long de rapporter ici tout ce qui s'est dit à cette époque pour prouver l'urgence de l'armement immédiat de toute la France.

Séance du 11 août.

Dans ce moment de fièvre patriotique, l'on se préoccupait si peu de la question de dépense en présence des besoins des circonstances, que M. Magnin, rapporteur de la commission chargée d'examiner le projet de loi ayant pour objet d'élever à un milliard le chiffre de cinq cents millions fixé par la loi du 21 juillet 1870, s'exprimait en ces termes dans une partie de son rapport :

« Le pays a la résolution patriotique de chasser » l'ennemi du sol de la patrie; pour atteindre ce » but, pour vaincre, il est décidé à sacrifier et son » dernier *écu* et son dernier homme. »

Il n'était guère question, dans ces sentiments d'élan patriotique, de calculer si un fusil donnerait un peu plus ou un peu moins de bénéfice à un fournisseur d'armes, ni de s'assurer si les fournisseurs avaient des certificats de bonne vie et mœurs : il fallait des armes dans les conditions les plus convenables du moment, et c'est ce qui a eu lieu, malheureusement en nombre trop inférieur!

M. Dréolle, rapporteur de la commission d'armement : Messieurs, animés des sentiments de patriotisme et d'union qui, quelques heures plus tard, faisaient explosion pendant la lecture du remarquable rapport de notre honorable collègue M. de Forcade, vous avez nommé une commission chargée d'examiner la proposition de M. Jules Favre et de plusieurs de ses collègues pour l'armement immédiat des gardes nationales.

Vous avez tous admis, *en déclarant l'urgence,* que cette proposition était sage, prévoyante, et qu'elle méritait aussitôt d'acquérir force de loi, pour devenir un complément des mesures adoptées en vue de l'augmentation de nos forces militaires actives, etc.

Séance du 12 août.

M. Gambetta lit une pétition des habitants de Paris demandant des armes avec instance.

Séance du 18 août.

M. Eugène Pelletan rappelle la nécessité de l'armement immédiat des gardes nationales.

M. ERNEST PICARD : L'administration a-t-elle fait appel à l'industrie privée pour *armer* nos troupes, les équiper, pour avoir des ateliers qui fonctionnent ?

M. JULES FAVRE : Mais surtout des fusils à la population !

M. ERNEST PICARD : *Dites-nous que vous avez fait des marchés qui vous permettent d'avoir une quantité d'armes supérieure à tous les besoins.*

Je crois que le conseil que je donne à cette tribune doit être écouté par les ministres, et qu'il ne peut rencontrer dans cette Chambre aucune objection sérieuse.

M. Jules Ferry propose la suspension pendant

la guerre des articles 1, 2, 3 et 4 de la loi du 24 mai 1834, qui interdisent la fabrication, le commerce et la détention des armes de guerre.

Une grande agitation règne dans l'Assemblée; plusieurs de MM. les députés veulent s'opposer à cette proposition; lorsque M. Thiers prend la parole et prononce un discours dans lequel se trouvent ces considérations remarquables :

M. THIERS : Il y a très-près de nous des industries très-actives en fait d'armes de guerre, et j'ose dire qu'elles tiennent au lucre. Je ne désignerai aucun de nos voisins; mais si vous faites cesser l'interdiction du commerce des armes de guerre, je suis certain que vous pourrez arriver *à faire des marchés, je n'oserai pas dire avantageux, car dans un moment comme celui-ci on paye très-cher; mais vous pourrez attirer vers le pays des approvisionnements d'armes considérables.*

Je ne suis pas étonné (car dans l'état d'excitation où nous sommes, la défiance a une grande part dans les sentiments de tout le monde), je ne suis pas étonné de la crainte qu'on éprouve que les armes françaises soient vendues à l'étranger.

Mais en mettant de côté les considérations patriotiques, il est bien évident que le commerce étranger aura bien plus d'intérêt à apporter des armes en France aujourd'hui, *parce qu'il aura*

18

chance de les faire payer plus cher qu'ailleurs; son intérêt même l'attirera vers nous.

Séance du mardi 23 août.

M. Keller se plaint que l'on refuse des armes aux populations qu'il représente.

M. Ernest Picard : Il ne devrait pas être permis de croire que l'on ait refusé des armes.

M. le vicomte Drouot se plaint que la population de Nancy n'a pas d'armes.

M. Guyot-Montpayroux : Il fallait nous seconder quand nous demandions des armes, et vous avez voté contre nous.

M. Jules Brame, ministre de l'instruction publique, étant monté à la tribune, explique que le ministère du 10 août est à peine en fonctions, et que déjà il a fait beaucoup de choses en aussi peu de temps.

M. Jules Favre : Ce sont des armes qu'il nous faut !

A gauche : Des armes ! des armes !

M. Guyot-Montpayroux : Un peu moins de commissaires, et un peu plus de fusils !

M. Jules Brame : M. le ministre de la guerre et celui de l'intérieur sont absents, vous savez tous pourquoi! Ils font les plus grands efforts pour tout organiser.....

M. Jules Favre : Qu'ils arment avant tout !

M. Jules Brame, ministre de l'instruction publique : Messieurs, il ne m'est pas possible de rentrer actuellement dans la discussion de la question de l'armement telle qu'elle nous a été présentée par quelques membres de la gauche, parce que je ne veux rien dire qui puisse faire préjuger quoi que ce soit à cet égard; mais je puis vous assurer que toutes les mesures sont prises, à l'heure qu'il est, pour que tout ce qui concerne *l'armement de la population s'organise et s'exécute promptement.* (Approbation sur un grand nombre de bancs.)

Séance du 24 août.

M. Mangin, rapporteur du projet de loi sur l'armement, annonce que les conclusions de la commission sont pour le rejet de la loi.

M. Paul de Jouvencel demande que la loi soit discutée immédiatement : on lève des hommes, il faut les armer !

M. Stenackers : Vingt-quatre heures perdues, c'est beaucoup en ce moment.

M. Barthélemy Saint-Hilaire : L'ennemi est à Châlons-sur-Marne.

M. GARNIER-PAGÈS : Ce ne sont pas les hommes qui manquent, ce sont les armes.

M. MANGIN, rapporteur : L'industrie privée de la fabrication des armes de guerre ne s'est point développée en France.

Les armes de guerre que fabriqueraient les armuriers, dans les conditions où ils sont placés, ne seraient pour ainsi dire que des armes de luxe et à la portée d'un petit nombre de citoyens.

Voix à gauche : C'est toujours cela!

M. LE RAPPORTEUR : Avec les anciennes armes se chargeant par la gueule, toutes les dimensions de cartouches sont bonnes ou à peu près; mais aujourd'hui ce ne sont plus de telles armes qu'il est question d'introduire : ce qu'il faut, *ce sont des armes se chargeant par la culasse.* Or, pour qui a-t-on fabriqué les fusils actuellement prêts à l'étranger? *Ce n'est pas pour la France*, puisque elle-même fabriquait dans ses arsenaux pour le compte de l'étranger.

Il y a donc des variétés infinies de fusils, et l'importation libre amènerait le désordre, la confusion. Chacun choisissant à son gré l'arme qui lui conviendrait le mieux, aurait besoin des munitions appropriées à cette arme.

Que deviennent dans ce chaos les approvisionnements, déjà rendus si difficiles par l'extrême rapidité du tir?

Une erreur fatale dans la répartition des munitions aurait des conséquences désastreuses, et livrerait sans défense au feu de l'ennemi des bataillons entiers avec des cartouches sans emploi.

Il faut nécessairement qu'un système d'unité et de réglementation préside à la fourniture et à la distribution des armes pour la défense nationale.

Ce commerce doit être favorisé ; mais, pour les raisons que nous avons données, il est important qu'il soit dirigé d'une manière habile.

La loi de 1860 donne d'ailleurs au gouvernement toute latitude pour qu'il puisse s'entourer de l'aide de l'industrie privée, et votre commission a insisté auprès de lui pour qu'il *use largement de cette faculté*.

En résumé, votre commission pense que l'armement complet de l'armée, de la garde mobile, de la garde nationale sédentaire, des corps de francs-tireurs, ne peut se faire utilement qu'à la condition rigoureuse que des idées d'ordre, d'unité et d'ensemble président à son installation.

Cet armement peut néanmoins être singulièrement activé par l'entente de l'administration avec l'industrie privée. (Très-bien ! très-bien !)

M. LE MINISTRE DE LA GUERRE : Si je ne me trompe, on n'a pas parlé dans le rapport, sans doute par oubli, d'une déclaration que j'ai faite

dans le sein de la commission au sujet des armes
de guerre à l'étranger.

J'ai déclaré à la commission que nous ne nous
refusions à aucune espèce de marché pour l'acquisition d'armes à l'étranger sous certaines conditions de sécurité, et c'est sous ces conditions que
j'ai acheté depuis hier quarante mille fusils. (Très-
bien! très-bien!)

M. GLAIS-BIZOIN : Ces fusils sont-ils arrivés?

M. LE MINISTRE DE LA GUERRE : Il est évident que
ces armes ne viennent pas par le télégraphe. La
maison qui doit les fournir s'est chargée de les
livrer à Paris dans trois jours et dans huit jours.
(Très-bien! très-bien!)

*Séance du 26 août. — Discussion de la modifica-
tion à apporter à la loi de 1834 sur le commerce des armes.*

M. LE GÉNÉRAL ALLARD, commissaire du gouvernement : Le problème consiste aujourd'hui à avoir
des armes le plus promptement possible. Le gouvernement en poursuit la solution par *tous les
moyens* qui sont en son pouvoir.

M. Jules Ferry disait tout à l'heure, et j'étais
étonné de l'entendre, qu'il connaissait un industriel
qui offrait au gouvernement vingt-cinq mille chas-

sepots, et il reprochait au gouvernement de ne pas les accepter. Je dis que cela est impossible (Oui, très-bien!), et M. le ministre de la guerre vous disait avec quel empressement il acceptait les offres qui lui étaient faites.

Il vous a annoncé qu'il venait de contracter un marché de quarante mille fusils, et il se glorifiait et se félicitait avec juste raison de ce résultat.

Je suis autorisé à dire que, *quelles que soient les offres faites au gouvernement,* pourvu qu'on lui offre de bonnes armes, offrant des garanties suffisantes, des chassepots surtout qui aient le calibre adopté, il les acceptera.

La variété des armes aurait des inconvénients que tout le monde devine [1].

Je le répète, toutes les fois que l'on présentera au gouvernement des chassepots faits dans les conditions exigées, le gouvernement les acceptera avec empressement, *quelle qu'en soit la provenance,* pourvu qu'il ait la garantie que ce sont de bonnes armes [2].

En réponse à des interpellations nombreuses des députés de l'opposition, demandant à cor et

[1] C'est pour obvier à ces inconvénients que chaque marché portait la stipulation de quatre cents cartouches par arme.

[2] C'est pour cela que la condition de dix cartouches d'essai par arme était imposée aux fournisseurs.

à cri des armes, M. le ministre Busson-Billaut,
président du conseil d'État, répondait :

Vous avez entendu M. le ministre de la guerre,
je regrette de n'avoir pas son autorité pour vous
parler, vous l'avez entendu vous dire : « Que tous
les fabricants qui voudront fabriquer des armes
pour la défense de la patrie viennent me le demander ! J'accepte d'avance les armes qu'ils me
fourniront, pourvu qu'elles soient bonnes, qu'elles
ne soient pas dangereuses entre les mains des soldats, et qu'ils prennent l'engagement en même
temps de nous procurer les munitions nécessaires
à l'emploi de ces armes. »

Je ne poursuivrai pas plus loin cette longue
énumération des pressions que chaque jour la
Chambre des députés de cette époque exerçait
sur le gouvernement ; je fais seulement observer
que cette pression venait surtout des membres de
la gauche, que l'on n'accusera certainement pas
de connivence avec le ministère.

Je ne puis cependant pas résister au désir de
terminer cette série de documents sans en citer
un dernier, pris en dehors du Corps législatif, et
qui, venant d'un homme connu dans la presse, ne
manque pas d'une certaine importance.

Le *Moniteur universel* du 30 août 1870 contient un article de M. Paul Dalloz.

Cet article, intitulé *la Bureaucratie*, est une

véritable critique des lenteurs que les formes administratives apportent à la prompte solution des affaires.

J'en extrais les passages suivants :

« Qui de nous n'a eu à compter avec ces indifférences, ces lenteurs, ces formalités contre lesquelles la volonté la plus énergique s'émousse ou se brise, comme la balle s'aplatit contre un blindage ?

» Tout le monde comprend la nécessité d'une *administration* régulatrice des initiatives privées au profit de l'intérêt public, mais tout le monde aussi la maudit lorsqu'elle dégénère, comme cela arrive trop souvent, en *administration* tracassière, méticuleuse et pétrie d'insouciance, pour ne pas dire de paresse. . . . . »

Plus loin :

« Et pour citer des faits comme exemples : hier encore, n'avons-nous pas appris qu'une simple formalité de bureaucratie avait *retardé de huit jours une commande d'armes.* . . . .

» Nous comptons sur l'énergie de ceux qui ont accepté la noble et lourde tâche de réparer nos premiers échecs et de nous donner la victoire, pour vaincre toutes ces lenteurs, toutes ces indifférences, qui deviendraient des crimes de lèse-nation dans les temps présents. . . . . »

De plus fort en plus fort :

« On nous offre des fusils tout prêts, le ministre de la guerre n'hésite pas et donne l'ordre de les acheter.

» Que font les bureaux? ils perdent du temps, et la Prusse les achète; nous ne saurions trop appeler la sévérité sur de semblables impérities! »

On peut voir par ce qui précède combien il est difficile de contenter tout le monde.

La Chambre des députés, et surtout l'opposition, sous le gouvernement impérial, reproche au ministre de la guerre de ne pas faire plus de marchés d'armes, et elle connaît toutes les conditions de ces marchés; elle ne veut pas que l'on s'arrête devant les considérations secondaires de la personnalité des fournisseurs : *Acceptez de toutes mains,* dit-elle; il faut avant tout sauver le pays.

Le gouvernement cède à cet accès de fièvre patriotique, et aujourd'hui une commission, qui paraît avoir oublié ou qui n'a pas été témoin des derniers moments si critiques de l'Empire, vient nous dire : Vous avez passé trop de marchés; vous avez payé trop cher; vous n'avez pas traité avec des personnes honorables!

Triste destin que celui des hommes qui, dans les malheurs de la patrie, se dévouent pour la sauver; leur récompense est dans l'ingratitude!

*Séance du 31 août (Journal officiel du 1ᵉʳ sep-
tembre 1870).*

M. ANDRÉ (de la Charente) : L'honorable ministre de la guerre, dans la grande mission de
salut et d'honneur national qui lui est confiée,
s'est concilié, par des résultats évidents dus à son
activité, *la confiance de la Chambre et du pays.*

II

RAPPORT DU GÉNÉRAL DE WIMPFFEN.

———

Jusqu'à ce jour, aucun rapport officiel n'a paru sur la bataille de Sedan ; je crois donc utile, dans l'intérêt de l'histoire, de publier les rapports qui m'ont été adressés au ministère de la guerre sur l'une des plus grandes catastrophes militaires que les annales de la France auront un jour à enregistrer.

Voici d'abord le rapport du général de Wimpffen, qu'un hasard malheureux a placé à la tête de l'armée dans des circonstances où il lui a été aussi impossible de pouvoir diriger les événements qu'il serait injuste de faire peser sur lui la responsabilité des résultats.

5 septembre 1871.

MONSIEUR LE MINISTRE,

J'ai l'honneur d'adresser ci-joint à Votre Excellence le rapport sur la journée du 1er septembre, dans laquelle j'ai pris le commandement de l'armée

de Châlons vers neuf heures et demie du matin,
par suite de la blessure reçue par le maréchal de
Mac-Mahon.

Le 31 août, j'avais visité dans leurs empla-
cements les troupes du 5° corps d'armée, qui
venaient d'être placées sous mes ordres : elles
occupaient l'ancien camp retranché, la ville et
les hauteurs qui dominent au sud-ouest le fond de
Givonne.

Le 12° corps occupait la Moncelle, Platinerie et
la petite Moncelle.

Le 1er corps s'étendait de la petite Moncelle à
Givonne, tenant Daigny.

Le 2° corps, au nord-ouest de la ville, campait
depuis Floing jusqu'au Calvaire d'Illy.

Toutes ces troupes étaient arrivées pendant la
nuit du 30 au 31 août, ou dans la matinée.

Pendant ma visite au camp, je constatai que de
nombreuses colonnes ennemies venaient couron-
ner de leur artillerie les hauteurs qui de Remilly à
Watelincourt bordent la rive gauche de la Meuse,
attaquaient vivement et coupaient notre convoi,
qui défilait sur la route de Carignan à Sedan, rive
droite de la Meuse.

Cette forte canonnade donnait lieu de croire que
l'ennemi voulait détourner notre attention de la
route de Mézières pour opérer de ce côté un mouvement tournant ; en conséquence, pour fermer

solidement la trouée qui existait entre les 1er et 7e corps, d'Illy à Givonne, je portai dans cette direction la brigade Fontanges, de la division l'Espart, laissant la brigade Abbatucci, de la même division, dans le grand camp, avec l'artillerie de réserve en batterie.

En même temps, par ordre du maréchal, je fis sortir de la ville l'unique brigade de la division Labadie et la portai à Casal, pour servir de réserve au 7e corps et le relier au 5e.

Le 1er septembre, au point du jour, l'ennemi commença son attaque sur le 12e corps et la prolongea successivement sur sa droite, vers le 1er corps.

A sept heures le maréchal de Mac-Mahon, ayant été blessé, remit le commandement au général Ducrot; je n'en fus informé qu'une heure après environ, et alors que cet officier général avait déjà donné certains ordres aux commandants des corps d'armée.

Je crus devoir laisser exécuter ces ordres; toutefois, vers neuf heures, voyant la gauche du 1er corps opérer un mouvement de retraite assez prononcé et se diriger vers le milieu des bois de la Garenne, je me décidai à faire usage de la lettre de commandement que Votre Excellence m'avait remise.

Le général Ducrot me déclarait que son intention était de se retirer sur Illy ; malheureusement les bataillons, au lieu de suivre cette direction, exécutaient un changement de front en arrière sur l'aile droite et se rapprochaient de l'ancien camp.

Le mouvement projeté semblait fort dangereux pour divers motifs :

1° La route était difficile à suivre pour plusieurs corps d'armée ;

2° Il fallait parcourir au moins six kilomètres, espace fort long pour des troupes déjà fatiguées par cinq heures de lutte ;

3° Enfin, l'on devait s'attendre à ce que l'ennemi qui était en face, et qui prévoyait ce mouvement, se jetât sur ces troupes, avec d'autant plus d'ardeur qu'il savait les refouler en arrière sur des troupes nombreuses ayant pris position pour barrer le passage.

J'ordonnai en conséquence au général Ducrot de reprendre ses premières positions et je renforçai sa gauche de la brigade Saurin, du 5ᵉ corps, bien qu'il regardât ce secours comme inutile.

Je me portai alors au centre du 7ᵉ corps, pour chercher à me rendre compte de la situation des troupes engagées dans la direction de cette ligne de retraite.

Là j'acquis davantage encore la conviction que la marche de notre armée sur Mézières ne pourrait que très-difficilement s'opérer pendant le jour, et

je résolus de tenir dans mes positions jusqu'à la
nuit.

Je revins, vers midi, me placer au centre des
positions, afin de donner plus facilement mes
ordres et de suivre les péripéties de la lutte, qui
paraissait se soutenir avec succès. Le commandant du 7ᵉ corps (général Douay) ayant témoigné
des inquiétudes au sujet des troupes qui occupaient
le bois de la Garenne, près de la ferme, et qui
étaient exposées à un feu d'artillerie meurtrier, je
portai de ce côté des troupes les trois armes du
5ᵉ et du 1ᵉʳ corps, ainsi qu'une partie de la réserve
de cavalerie, et je m'y rendis de ma personne.

Je constatai bientôt que les obus lancés par
l'ennemi exerçaient d'affreux ravages parmi nos
troupes : la cavalerie, l'infanterie étaient dans
l'impossibilité de tenir ; trois batteries d'artillerie
mises en position furent désorganisées en dix minutes à peine.

Il fallait retirer l'artillerie, abriter la cavalerie
dans une clairière au milieu du bois, et faire de
grands efforts pour y maintenir l'infanterie.

Je revins au milieu du champ de bataille et je
remarquai que l'artillerie ennemie avait resserré le
cercle de son feu de manière à couvrir le plateau
d'obus lancés dans tous les sens.

Le général Douay (commandant le 7ᵉ corps) me
fit avertir qu'il lui était impossible de se maintenir

plus longtemps, et qu'il avait devant lui des forces très-considérables, qui ne lui permettaient pas d'opérer une retraite sur Illy.

Le 12ᵉ corps se maintenant d'ailleurs toujours avec succès sur les fortes positions qu'il occupait, je crus devoir joindre à ce corps toutes les troupes disponibles du 1ᵉʳ et du 5ᵉ, pour jeter une fraction de l'armée ennemie dans la Meuse, et me frayer un passage dans la direction de Carignan.

J'écrivis dans ce sens à l'Empereur en l'engageant à venir se placer au milieu de ces troupes, qui tiendraient à honneur de lui ouvrir un passage ; il était environ trois heures et demie.

L'ennemi céda devant notre mouvement offensif, mais en même temps les troupes des 7ᵉ et 1ᵉʳ corps, qui étaient restées sur le plateau pour faire l'arrière-garde, étaient vivement abordées par des forces supérieures, et refoulées.

Ces troupes, au lieu de suivre le mouvement du 12ᵉ corps, en passant entre le grand camp et la Garenne, se rapprochèrent peu à peu des fortifications de la place, qui étaient pour elles un aimant irrésistible, et finirent par se ranger sous le canon de la citadelle et dans la ville, dont les portes étaient ouvertes.

Je me plaçai, avec mon chef d'état-major, à la tête de troupes de tous corps, massées près de la ville, et je marchai sur les traces du 12ᵉ corps, en

20

suivant la grande route de Givonne et escaladant les hauteurs qui dominent cette route à l'est ; mais arrêté par une série de clôtures et de parcs, plus encore que par la défense de l'ennemi, je dus prendre un chemin à droite, qui me conduisit à la porte Balan.

C'est à ce moment, quatre heures, qu'un officier m'apporta une lettre par laquelle l'Empereur me prévenait que le drapeau blanc avait été hissé à la citadelle, m'invitait à cesser le feu et à me charger de négocier avec l'ennemi.

Je refusai, à plusieurs reprises, de me rendre à cette injonction. Malgré les pressantes instances de l'Empereur, je n'en crus pas moins devoir tenter un suprême effort, et je rentrai en ville pour appeler à moi toutes les troupes qui s'y étaient accumulées ; mais, soit fatigue provenant d'une lutte de douze heures sans prendre de nourriture, soit instructions mal comprises, soit ignorance des suites dangereuses que pouvait avoir leur agglomération dans une ville impropre à la défense, peu d'hommes répondirent à mon appel, et c'est avec 2,000 soldats seulement, auxquels se joignirent quelques gardes mobiles et un certain nombre de courageux habitants de la ville de Sedan, que je chassai l'ennemi du village de Balan.

Ce fut le dernier effort de la lutte, l'effectif de ces troupes étant trop peu considérable pour

tenter la seule retraite qui fût possible eu égard
à la disposition des forces ennemies.

A six heures, je rentrai le dernier dans la ville,
encombrée de caissons, de voitures, de chevaux,
qui arrêtaient toute circulation. Les soldats, entas-
sés dans les rues avec le matériel d'artillerie,
étaient exposés aux plus grands périls, en cas de
bombardement.

J'apprenais de plus qu'il restait un seul jour de
vivres dans les magasins de la place, les approvisionnements annoncés de Mézières par le chemin de fer ayant été renvoyés à Mézières au
premier coup de canon.

Dans ces conditions et sur une nouvelle demande de l'Empereur, qui avait, avant même la
prise de Balan, fait arborer partout le drapeau
blanc, je me résignai à aller négocier près de
M. le comte de Moltke les conditions d'une capitulation.

Dès les premiers mots de notre entretien, je
reconnus que le comte de Moltke avait malheureusement une connaissance très-exacte de
notre situation et de notre dénûment en toutes
choses.

Il me dit qu'il regrettait de ne pouvoir accorder
à l'armée tous les avantages mérités par sa valeu-
reuse conduite, mais que l'Allemagne était obligée
de prendre des mesures exceptionnelles à l'égard

d'un gouvernement n'offrant, disait-il, aucune chance de stabilité.

Qu'en raison des attaques répétées et du mauvais vouloir de la France à l'égard de son pays, il lui était indispensable de prendre des garanties matérielles; en conséquence, il se voyait contraint d'exiger que l'armée fût faite prisonnière.

Je ne crus pas devoir accepter de telles conditions; on me prévint que le lendemain matin la ville serait bombardée, et je me retirai avec la menace de voir le bombardement commencer à neuf heures, si la convention n'était pas arrêtée avec l'ennemi.

Le 2 septembre, au point du jour, les généraux de corps d'armée et de division se réunirent en conseil de guerre, et après examen des ressources de la place, il fut décidé à l'unanimité que l'on ne pouvait éviter de traiter avec l'ennemi.

Ci-joint le procès-verbal de la séance[1].

Je ne connais pas encore le chiffre exact de nos pertes, mais j'évalue de 15 à 20,000 hommes le nombre des morts et des blessés pour les deux journées de Beaumont et de Sedan; l'ennemi assure nous avoir fait 30,000 prisonniers dans ces deux mêmes journées.

A la bataille livrée sur le plateau d'Illy, nous

---

[1] Il sera donné à la fin du Rapport.

avions 60 à 65,000 combattants; M. de Moltke lui-même a reconnu que nous avions lutté contre 220,000 hommes, et que la veille, à cinq heures du soir, un corps prussien, d'un effectif supérieur à celui de notre armée, était déjà placé sur notre ligne de retraite.

Une lutte soutenue pendant quinze heures contre des forces très-supérieures me dispense de faire l'éloge de l'armée; tout le monde a fait noblement son devoir.

Je regrette profondément de n'être arrivé à l'armée que le soir d'un insuccès, et de n'avoir pris le commandement que le jour où une infériorité numérique et des mesures déjà prises rendaient la défaite inévitable.

C'est le cœur brisé que j'ai apposé ma signature au bas d'un acte qui consacre un désastre pour la France; sacrifice que mes compagnons d'armes et d'infortune sont peut-être seuls susceptibles de bien comprendre [1].

J'avais fait connaître tout d'abord au général de Moltke que je ne séparerais pas mon sort de celui de l'armée. Je suis en route pour Aix-la-Chapelle, où je vais me constituer prisonnier, accompagné de mon état-major particulier et des officiers de

[1] Le général de Wimpffen se trompe; tout le monde comprendra l'acte honorable qui lui a fait accepter une responsabilité qui ne devait lui incomber à aucun titre.

l'état-major général du 5ᵉ corps d'armée, qui, pendant toute la bataille, ont rempli à mes côtés les fonctions d'état-major général de l'armée. D'Aix-la-Chapelle je compte me rendre à Stuttgard, ville du Wurtemberg, qui m'a été assignée pour lieu de mon internement.

· CAPITULATION DE L'ARMÉE DE SEDAN.

Au quartier général, à Sedan, le 2 septembre 1870.

Aujourd'hui 2 septembre, à six heures du matin, sur la convention des généraux en chef, un conseil de guerre, auquel ont été appelés les généraux commandant les corps d'armée, les généraux commandant les divisions et les généraux commandant en chef l'artillerie et le génie de l'armée, a été réuni.

Le général commandant a exposé ce qui suit :

D'après les ordres de l'Empereur et comme conséquence de l'armistice intervenu entre les deux armées, j'ai dû me rendre auprès de M. le comte de Moltke, chargé des pleins pouvoirs du roi de Prusse, dans le but d'obtenir les meilleures conditions possibles pour l'armée refoulée dans la place, après une bataille malheureuse.

Dès les premiers mots de notre entretien, j'ai reconnu que le comte de Moltke avait malheureusement une connaissance parfaite de notre situation, et qu'il savait très-bien que l'armée manquait absolument de vivres et de munitions.

M. de Moltke m'a fait connaître que dans la journée d'hier nous avions combattu une armée de 230,000 hommes qui nous entourait de toutes parts.

« Général, m'a-t-il dit, nous sommes disposés à faire à votre armée, qui s'est si vaillamment battue aujourd'hui, les conditions les plus honorables.

» Toutefois, il faut que ces conditions soient compatibles avec les exigences de la politique de notre gouvernement : nous demandons que l'armée française capitule; elle sera prisonnière de guerre; les officiers conserveront leurs épées et leurs propriétés personnelles; les armes de la troupe seront déposées dans un magasin de la ville, pour nous être livrées. »

Le général a demandé aux officiers généraux qui faisaient partie du conseil de guerre si, dans leur pensée, la lutte était encore possible; la grande majorité a répondu par la négative; deux généraux seuls ont exprimé l'opinion que l'on devait, ou se défendre dans la place, ou chercher à sortir de vive force.

On leur a fait observer que la défense de la place était impossible, parce que vivres et munitions manquaient absolument; que l'entassement des hommes et des voitures dans les rues rendait toute circulation impossible; que dans ces conditions le feu de l'artillerie ennemie, déjà en position sur toutes les hauteurs environnantes, produirait un affreux carnage, sans aucun résultat utile; que le débouché était impossible, puisque l'ennemi occupait déjà les barrières de la place, et que ses canons étaient braqués sur les avenues étroites qui y conduisent.

Ces deux officiers généraux se sont rendus à l'avis de la majorité. En conséquence, le conseil a déclaré au général en chef qu'en présence de l'impuissance matérielle de prolonger la lutte, nous étions forcés d'accepter les conditions qui nous étaient imposées, tout sursis pouvant nous exposer à subir des conditions plus douloureuses encore!

Signé : WIMPFFEN. *Signé :* DUCROT.
Signé : FORGEOT. *Signé :* LE BRUN.
Signé : DOUAY. *Signé :* DEJEAN.

III

RAPPORT

SUR LE ROLE DU 7ᵉ CORPS

DANS LA BATAILLE DE SEDAN

(1ᵉʳ septembre 1870)

Le 7ᵉ corps, après n'avoir pu qu'en partie, dans la nuit du 30 au 31 août, passer à Remilly, Villars et au pont de Bazeilles, sur la rive droite de la Meuse, se dirigea par les deux rives de ce fleuve sur Sedan, où il arriva successivement dans la matinée du 31.

Les abords de Sedan, du côté du village de Floing, lui furent assignés pour ses campements.

Dans l'après-midi je reconnus la position et je rectifiai en conséquence l'emplacement des troupes, que, dans la persuasion où j'étais d'une lutte très-prochaine et très-vive, je disposai à leur poste même de combat.

La position occupée par le 7ᵉ corps était un plateau peu profond, de trois à quatre kilomètres

21

d'étendue, se reliant par sa droite aux bois de Givonne et s'abaissant sur la gauche vers la Meuse qu'il domine, mais à une grande portée.

Les abords en sont découverts et favorables à la défensive ; toutefois cette position avait sur son front deux points faibles :

L'un en avant de la gauche, où s'élève un gros mamelon dominant, couronné de bois à quinze cents ou dix-huit cents mètres, et que, vu l'exiguïté de mes forces, son éloignement m'empêchait d'occuper.

L'autre sur ma droite, la dominant également et la débordant, bien plus dangereux par conséquent, est le plateau d'Illy, se reliant au loin aux bois et à la route de Givonne.

Je fis occuper dans la journée même la gauche de ma ligne de bataille par la division Liébert (2me division), et la droite par la division Dumont (3me division).

La 1re division (Conseil-Dumesnil), incomplétement réorganisée depuis l'affaire de Frœschwiller et diminuée encore par le combat de Beaumont, où elle s'était portée en soutien du 5° corps, était en seconde ligne.

Je reconnus, avec le général Liegeard (commandant l'artillerie), un emplacement favorable pour les batteries, où des épaulements furent préparés, et de son côté le général Doutrelaine, commandant le génie du corps d'armée, fit commencer des tranchées-abris pour notre infanterie.

La cavalerie et la réserve d'artillerie du corps, ainsi que les ambulances, étaient en arrière, défilées, et à portée des points où elles pourraient avoir à agir.

Tout était ainsi disposé dès le 31 au soir.

Cette position, outre les inconvénients signalés, en présentait d'autres non moins graves : ses derrières étaient coupés par des ravins, des chemins creux descendant vers la place, des bois, des habitations, des clôtures dont la disposition était telle qu'il était impossible d'y constituer et d'y prendre une seconde ligne de défense.

Mais ce qui me préoccupait le plus, c'était ma droite, clef de la position générale de l'armée, dont le seul point d'appui était formé par le plateau d'Illy et par les bois profonds qui, dans la direction de Givonne, se relient sans interruption avec la forêt des Ardennes, dont ils sont un appendice.

Il était indispensable que ce plateau et ces bois fussent fortement occupés, car ce plateau et ces bois une fois en la possession de l'ennemi, non-seulement j'étais dominé, débordé, mais les trois autres corps de l'armée étaient dans la même position que moi.

Je me rendis chez le maréchal commandant en

chef, pour lui signaler entre autres indications cet état de choses, et je l'informai en même temps que des masses nombreuses préparaient et allaient effectuer leur passage sur la rive droite près de Donchery.

Le maréchal me dit qu'il m'enverrait le lendemain matin le général de Labadie, avec une brigade de sa division, pour relier solidement ma droite avec le 1er corps.

Le lendemain, 1er septembre, M. le général de Labadie étant en effet arrivé, je lui fis prendre position sur un plateau intérieur, d'où il pourrait à la fois se porter sur ma droite, vers le bois de Givonne, soit au soutien du 12e corps, dont nous entendions le canon, et qui était déjà fortement engagé dans la direction de Bazeilles.

Je complétai ce dispositif en faisant garnir de ce côté la lisière des bois par la brigade Billetard-Desportes, de la division Dumont.

A peine ces mesures étaient-elles prises, que le canon m'avertit que le général Liébert et le général Dumont étaient, à leur tour, attaqués sur le front de nos positions.

Je m'y portai aussitôt, et je reconnus que, malgré la vivacité de son attaque, nous maintenions facilement l'ennemi à distance.

En ce moment je fus prévenu que le maréchal de Mac-Mahon, blessé, avait dû se retirer du champ de bataille, et que le général Ducrot avait pris le commandement de l'armée.

L'ennemi, cependant, garnissait d'une artillerie toujours croissante, d'un calibre et d'une portée supérieurs à ceux de nos projectiles, une position favorable située à dix-huit cents mètres ou deux mille mètres environ de nos lignes : son feu puissant et convergent nous faisait éprouver des pertes sérieuses en personnel et en matériel.

Mais notre artillerie, redoublant de bravoure et de dévouement, faisait si bonne contenance, que nous pouvions encore soutenir ce combat inégal, qui durait depuis plus de quatre heures.

A ce moment arriva le général de Wimpffen, qui m'apprit qu'il était investi du commandement en chef.

Il examina notre situation; je lui fis observer que, malgré notre infériorité, j'espérais pouvoir tenir, mais qu'il fallait absolument que le plateau d'Illy restât en notre pouvoir.

Il m'affirma que le 1er corps l'occupait en force, et qu'il veillerait à ce qu'il s'y maintînt.

Dans ces conditions, je crus pouvoir, ainsi que me le demandait le général de Wimpffen, me dégarnir pour soutenir le général Le Brun (12e corps), et m'étant porté sur le plateau, où se trouvait le général de Labadie, j'envoyai cet officier général, en lui adjoignant la brigade Billetard-Desportes, pour renforcer le 12ᵉ corps.

Des demandes incessantes de renforts m'arrivaient de ce côté, et ayant vu le plateau d'Illy toujours occupé par le 1ᵉʳ corps, j'envoyai dans la même direction le général Dumont avec sa dernière brigade, en le faisant remplacer dans sa position par une partie de la division Liébert et par ce qui me restait de la 1ʳᵉ division.

Le combat continuait toujours avec violence sur le front du 7ᵉ corps; néanmoins je me privais de tout ce dont je pouvais disposer, à cause de l'importance capitale qu'il y avait pour toute l'armée à rester en possession des bois de Givonne et du plateau d'Illy.

De ce côté, en effet, l'ennemi venait de mettre en position une artillerie formidable et nous enserrait dans un cercle de feu qui nous prenait de front, de droite, de gauche et de revers.

La situation devenait difficile. Je cherchais à m'en rendre un compte bien net, lorsque je m'aperçus tout à coup que le plateau d'Illy venait d'être évacué par le 1ᵉʳ corps.

Il n'y avait pas un moment à perdre; l'ennemi, concentrant de plus en plus le feu de son artillerie, avait démonté la majeure partie de nos batteries.

L'infanterie, l'artillerie et la cavalerie d'un nouveau corps d'armée passé sur la rive droite, montraient déjà leurs têtes de colonnes : si l'ennemi arrivait sur le plateau d'Illy, notre position devenait intenable.

Je me portai aussitôt sur la route de Givonne ; j'y trouvai le général Dumont, qui, avec sa première brigade et d'autres troupes de la gauche du 1er corps, venait d'être vigoureusement repoussé.

Je fis réoccuper par cette brigade et la portion de la droite de la 1re division, que j'avais sous la main, le plateau d'Illy, et je les fis soutenir par une partie de la brigade Fontanges (5e corps), arrivée peu après sur les lieux.

Deux batteries de la réserve, appelées par le général Liégeard, essayèrent de soutenir cette infanterie, mais à peine en position elles furent désemparées ; des caissons sautèrent, et leur personnel très-maltraité ne put qu'à grand'peine ramener ce qui restait de matériel.

L'infanterie, en bataillons déployés et embusqués, couverte par un rideau de tirailleurs, continua néanmoins de tenir bon.

A ce moment, il était environ deux heures, la division Liébert, qui était restée très-ferme sur sa position, était complétement tournée par sa gauche : des pelotons entiers de chevaux sans cavaliers, revenant de charges infructueuses tentées par la réserve de cavalerie, désorganisaient ses rangs : sur notre droite, des masses considérables nous pressaient, nous tournaient et allaient nous envelopper; il fallut se décider à la retraite, n'ayant plus d'artillerie en état de la protéger.

Je reçus alors un billet du général de Wimpffen, m'annonçant qu'il se décidait à tenter de se porter sur Carignan, et qu'il me chargeait de soutenir la retraite de l'armée.

Je lui répondis que dans l'état où j'étais, avec trois brigades seulement, sans artillerie, presque sans munitions, tout ce que je pouvais faire, c'était de me retirer sans déroute du champ de bataille.

Ce mouvement se fit en bon ordre; les bataillons en échelons mirent près de deux heures pour se retirer sur les glacis de la place, dont les abords, l'intérieur et les fossés étaient déjà encombrés par les troupes de toutes armes, cavalerie, infanterie, artillerie.

Quelques bataillons, à l'aide de bouquets de bois, de clôtures et d'habitations, entretenaient le feu et maintinrent l'ennemi à distance jusqu'à la nuit tombante.

Ils rentrèrent alors dans la place, où les autres troupes avaient été abritées le mieux possible et disposées dans les places d'armes et chemins couverts, afin de les défendre au besoin.

La cavalerie divisionnaire, qui a eu aussi beaucoup à souffrir du feu de l'ennemi, a pu concourir par quelques charges isolées à la défense de la position.

Le reste de la division de cavalerie, sous les ordres du général Conseil-Dumesnil, ayant dû gagner mon extrême droite, a opéré dans cette direction, concurremment avec la cavalerie du 1er corps, et a, ainsi qu'elle, fourni plusieurs charges brillantes.

Pendant cette journée, le 7e corps, réduit à environ trois brigades par les renforts qu'il avait été appelé à envoyer sur d'autres points, a dû lutter contre deux corps d'armée, qui ont mis en ligne plus de trois cents pièces de canon d'une grande supériorité de calibre, de portée et de justesse.

Notre adversaire ne s'est pour ainsi dire servi que de son canon pour nous réduire. Ce n'est que vers le soir de l'affaire, lorsque nos batteries, notre infanterie et notre cavalerie avaient été écrasées et en partie désorganisées par le feu de l'artillerie, que l'infanterie ennemie s'avança en masses considérables. La cavalerie ennemie était présente sur le champ de bataille, mais elle était hors d'atteinte, soigneusement dérobée, et ne prit aucune part à l'action.

Dans cette bataille du 1er septembre et les combats de la veille et de l'avant-veille, les pertes du 7e corps d'armée ont été considérables.

Il a eu cinq généraux hors de combat; le gé-

néral Billetard-Desportes, tué; le général de division Dumont, les généraux de brigade Guyomar,
de Bretteville-Morand, blessés; le général de division Conseil-Dumesnil fait prisonnier sur le champ
de bataille.

Quarante coffres d'artillerie ont sauté; les pertes
en officiers et soldats, tués, blessés ou disparus,
sont, autant qu'elles ont pu être constatées jusqu'ici, d'environ trois cents officiers et dix mille
hommes de troupe.

Ces chiffres disent assez quelle a été la conduite des troupes; celle de l'artillerie entre autres
a été héroïque : mais tous les efforts humains devaient être impuissants contre le cercle de feu qui
nous enveloppait, et qui, nous acculant à une
place, nous rendait toute retraite impossible.

Je joins à ce rapport succinct ceux des généraux commandant les divisions, ainsi que ceux des
généraux commandant l'artillerie et le génie du
7e corps d'armée.

Signé : Général DOUAY.

IV

LETTRE DU GÉNÉRAL DE PALIKAO
AU MINISTRE DE LA GUERRE.

———

Lyon, le 15 juillet 1870.

MONSIEUR LE MINISTRE,

J'ai l'honneur d'accuser réception à Votre Excellence de la lettre par laquelle elle me prescrit de tenir prêtes à marcher les trois divisions d'infanterie et la division de cavalerie qui composent l'armée active de Lyon.

Votre Excellence fait appel, dans cette circonstance, à mon dévouement et à mon patriotisme pour la préparation immédiate de ces divisions : vous pouvez compter que ni l'un ni l'autre ne feront défaut.

Je ferai seulement observer à Votre Excellence qu'elle ne parle pas de moi dans sa dépêche, et que je ne puis cependant pas croire qu'après avoir commandé pendant cinq ans ce corps d'armée, le commandement puisse en être confié à un autre chef.

Au mois d'octobre 1865, lorsque M. le général Dumont fut enlevé, avec sa division, de mon commandement pour être envoyé en Italie sous les ordres d'un autre général de division, M. de Failly, j'écrivis à votre prédécesseur pour réclamer l'honneur de conduire moi-même ces troupes contre l'ennemi.

Il me fut alors répondu par M. le maréchal Niel que le commandement d'une simple division était trop peu important pour que dans ma position élevée il me fût donné.

Aujourd'hui le même motif ne saurait plus être invoqué, puisque la France est en présence d'une guerre très-sérieuse !

Je ne pourrais donc voir dans le choix d'un autre chef pour le commandement de mon corps d'armée, qu'un manque absolu de confiance, que mes services antérieurs ne me permettent pas de croire que j'ai pu mériter.

J'écris directement dans ce sens à S. M. l'Empereur, et je vous prie d'appuyer auprès de Sa Majesté la juste réclamation que je lui adresse.

Le général commandant le 4ᵉ corps d'armée.

Signé : Comte DE PALIKAO.

Le même jour et à la même date, j'écrivis directement à l'Empereur en lui rappelant les services que j'avais rendus, et en sollicitant de sa bienveillance l'honneur de pouvoir en rendre de nouveaux dans la guerre sérieuse qui menaçait la France.

Ma lettre au ministre de la guerre, par laquelle je demandais d'obtenir un commandement actif à l'armée, était du 15, et le 16 je recevais la dépêche télégraphique suivante :

« J'ai communiqué votre désir à l'Empereur ;
» vous resterez à Lyon, où Sa Majesté pense que
» vos services seront utiles sur ce point, destiné à
» jouer un rôle pendant la guerre.

» *Signé :* Maréchal LE BOEUF.

J'espérais que cette fin de non-recevoir serait peut-être modifiée par ma demande directe à l'Empereur ; mais, le 18, je recevais une lettre de Sa Majesté ainsi conçue :

MON CHER GÉNÉRAL,

J'apprécie le sentiment qui vous porte à solliciter un commandement actif à l'armée, mais votre présence à Lyon sera plus utile que sur les champs de bataille ; Lyon aura une grande importance pendant la guerre.

Recevez, mon cher général, etc.

Signé : NAPOLÉON.

Il n'y avait plus qu'à me résigner et à attendre, c'est ce que j'ai fait.

V

LETTRE

ADRESSÉE

AU GOUVERNEMENT DE LA DÉFENSE NATIONALE.

———

Spa, le 10 octobre 1870.

MONSIEUR LE MINISTRE,

J'ai eu l'honneur de vous adresser, sous la date du 8 octobre courant, une lettre par laquelle je vous exprimais mon désir de consacrer mes services militaires à la défense de mon pays, comme je vous l'avais déjà proposé.

J'avais été voir M. Taschard, ministre de France à Bruxelles, pour lui faire part de ma résolution.

Je suis toujours dans les mêmes dispositions, Monsieur le ministre, mais je viens de lire dans plusieurs journaux des décrets qui placent l'autorité militaire sous la dépendance d'autorités civiles pour la défense du pays. Déjà plusieurs généraux ont refusé de prêter leur concours en présence de pareilles mesures, subversives de tous les principes de la guerre.

Ce n'est qu'avec de l'ordre et de la régularité, et surtout avec une bonne discipline, que l'on peut compter sur les armées.

Comment admettre la subordination vis-à-vis de généraux subordonnés eux-mêmes à un homme qui, par la nature de ses fonctions, n'entend rien ni à l'organisation ni à la direction des affaires militaires?

J'ai donc le regret, Monsieur le ministre, d'être obligé d'ajourner mon vif désir de me rendre à Tours, jusqu'à ce que l'autorité militaire ait recouvré un pouvoir qui lui permette d'accepter une aussi lourde responsabilité que celle de la vie des hommes appelés à défendre la patrie.

Veuillez agréer, etc.

Général Cousin de Montauban,
Comte de Palikao.

VI

LETTRE

ADRESSÉE AU GÉNÉRAL DE PALIKAO.

Orléans, 7 juillet 1871.

MON GÉNÉRAL,

Je crois de mon devoir de vous signaler un fait qui, arrivé le 4 septembre, prouve que vous avez raison de dire, dans votre lettre au général Trochu, que la présence à Paris des mobiles de la Seine devait faire naître des dangers et compliquer encore notre situation.

En effet, le 4 septembre, il y eut au camp de Saint-Maur un commencement de révolte; les mobiles voulaient marcher sur Paris, et ce commencement de révolte ne s'apaisa que lorsque le général qui les commandait eut consenti à laisser partir six délégués des bataillons, accompagnés d'un de ses officiers d'ordonnance. J'étais chez le général Trochu, lorsqu'ils arrivèrent à la tombée de la nuit. Cet officier d'ordonnance rendit compte de sa mission à l'officier d'état-major qui se trouvait présent. Je l'entendis très-distinctement dire que les mobiles voulaient marcher sur Paris, parce qu'on leur avait dit que les troupes avaient tiré sur leurs frères, et qu'ils étaient délégués de leurs camarades pour connaître la vérité de la *bouche même* du gouverneur de Paris. Le général Trochu étant absent en ce moment, ils furent invités à l'attendre. Je ne sais ce qui s'est passé après mon départ.

Vous avez encore bien raison de dire aussi, mon général, « Personne n'ignorait alors la confiance que l'extrême gauche accordait au général Trochu. »

M. Arago y était sans doute pour quelque chose; et lorsque ce général, dans son discours à l'Assemblée nationale, le 14 juin dernier, dit que, arrivé à l'hôtel de ville, au milieu de ces hommes qu'il voyait pour la première fois, excepté M. Jules Favre, il oubliait certainement que M. Arago lui avait fait une visite au Louvre entre neuf et dix heures du matin, le jour de son installation dans ce palais. J'étais dans le cabinet de service avec son chef d'état-major, lorsque M. Arago fut introduit par un huissier demandant à voir le général Trochu.

Je n'apprécie pas le fait, je le constate.

Si ces lignes vous paraissent de quelque intérêt, mon général, vous pouvez les signaler; j'ai en-

23

tendu le rapport de l'officier des mobiles, j'ai vu les six délégués, qu'il avait l'ordre de ne pas quitter.

J'ai vu M. Arago, c'est une figure qu'on n'oublie pas.

J'ai l'honneur d'être, avec un profond respect,

Mon Général,

Votre très-humble et très-obéissant serviteur,

L. COSTE,

Ancien commandant militaire du palais du Louvre, lieutenant-colonel de cavalerie en retraite, à Orléans.

VII

RAPPORTS AVEC L'IMPÉRATRICE.

Je ne puis attribuer qu'à une seule cause le peu de bienveillance que S. M. l'Impératrice m'a toujours témoigné, ainsi qu'à ma famille.

Cette cause fut bien involontaire de ma part, et les ennuis que la Souveraine en a ressentis n'auraient jamais dû peser sur moi, et encore moins sur les miens.

Lorsque je fus nommé au commandement de l'expédition de Chine, l'Impératrice me reçut aux Tuileries ainsi que mes officiers d'état-major, et voulut bien me témoigner tout l'intérêt qu'elle prenait à la réussite de cette guerre lointaine.

Sa Majesté ajouta qu'elle ne se bornerait pas à de simples vœux en notre faveur, mais qu'elle entendait pourvoir à tous les besoins en linge de notre ambulance militaire ; ce qui eut lieu.

L'expédition se fit dans les conditions que tout le monde connaît; mais ce que tout le monde ne sait pas, ce sont les détails relatifs à une sotte histoire que l'on voulut faire courir à mon retour, et dont le but était de contrarier vivement l'Impératrice, tout en satisfaisant aux sentiments d'envie de quelques jaloux de mes succès.

Désireux de donner à S. M. l'Impératrice un témoignage de reconnaissance de l'armée de Chine pour l'intérêt qu'elle lui avait accordé, je lui rapportai un chapelet, dont voici l'origine, que j'ai déjà indiquée dans l'une des séances du Sénat, il y a plusieurs années, en réponse à une interpellation de M. de Boissy.

Lors de l'occupation du Palais d'été, une commission composée de trois officiers supérieurs anglais et trois officiers supérieurs français fut désignée pour le partage des prises qui furent faites.

Au nombre de celles-ci se trouvaient une grande quantité de colliers de mandarins, qui furent partagés dans toute l'armée comme ayant une valeur minime.

La commission, par un acte de gracieuseté, m'attribua trois de ces colliers, pour ma femme et mes deux jeunes filles. Je fis faire avec ces trois colliers un chapelet, par Mgr Mouly, évêque de Pékin, dont je venais de rendre la cathédrale au culte catholique.

Je priai Monseigneur de donner sa première bénédiction à ce chapelet, en lui indiquant à quelle personnalité élevée je le destinais, et je lui demandai en même temps de certifier sa provenance par un écrit constatant que la première bénédiction donnée dans l'église de Pékin l'avait été à ce chapelet.

Je ne doutais pas, en raison de la piété bien connue de l'Impératrice, qu'un pareil objet, sans valeur intrinsèque, n'en eût beaucoup à ses yeux de fervente chrétienne.

Ce fut cependant cet objet si simple qui fut représenté comme un cadeau, d'abord d'un million, en raison de perles fines qui le formaient. (Il n'y en avait pas une : il était composé de petites boules de jade vert, grosses comme une petite cerise.)

Ce chapelet grossit bientôt de prix et monta à un million cinq cent mille francs, composé, disait-on, de perles noires ; enfin il atteignit le chiffre de deux millions, les perles noires s'étant transformées en perles vivantes.

Je confesse ici mon ignorance : je n'ai jamais su et je ne sais pas encore ce que l'on appelle perles vivantes.

Ces bruits si incroyables furent cependant accueillis dans la capitale d'un peuple qui se targue d'être le plus spirituel de la terre !

A Vichy, où je m'étais rendu à mon retour de Chine, l'Empereur m'autorisa à offrir ce chapelet à S. M. l'Impératrice, en ce moment à Fontaine-bleau.

Je me rendis dans cette dernière ville, et, en présence du comte Walewski et de la comtesse Walewska, je fis hommage à l'Impératrice de ce souvenir religieux de l'expédition de Chine.

J'ai toujours pensé que le bruit qui s'était produit autour d'un fait si simple, et qui avait été dénaturé par les partis hostiles, avait causé une vive contrariété à l'Impératrice, et que, sans bien s'en rendre compte, sa pensée se reportait péniblement sur un acte qui, de ma part cependant, n'était que l'expression d'un sentiment de reconnaissance.

VIII

RÉPONSE A UNE ALLÉGATION.

Je n'ignore pas que dans une commission quelques membres, hostiles à tout ce qui a servi l'Empire, m'ont accusé, en présence de l'un de mes anciens collègues du ministère, d'être un ambitieux. Je ne pense pas que jamais pareille qualification ait été plus mal appliquée.

Il suffit, pour s'en assurer, de consulter ma vie militaire et les récompenses qui m'ont été accordées pour les services que j'ai rendus, et la position que j'ai acceptée lorsque les plus grands périls menaçaient la France et le gouvernement.

J'étais colonel du 2e régiment de spahis lorsque Abd-el-Kader fut pris par moi, dans des circonstances qui n'ont jamais été rapportées exactement.

Ce fut à cette époque un fait des plus importants, quoiqu'il soit oublié aujourd'hui, que des événements bien autrement graves en ont peut-être effacé le souvenir.

J'avais alors deux ans et demi de grade de colonel : on se contenta de me nommer commandeur dans l'ordre de la Légion d'honneur! Il avait cependant toujours été dit que la prise de l'émir assurerait le grade de général à celui qui le ferait prisonnier. Ai-je fait une seule démarche? Monseigneur le duc d'Aumale, alors gouverneur général de l'Algérie, sait mieux que personne que je n'ai rien demandé ; ce ne fut que quatre ans après que je fus nommé général, c'est-à-dire après sept ans de grade de colonel.

En 1852, je suis nommé au commandement de la subdivision de Tlemcen, en remplacement du général de Mac-Mahon.

Notre frontière du côté du Maroc était insultée depuis longtemps par les tribus du Riff. J'établis un camp sur la frontière même (sur la rivière le Kiss), et pendant trois mois je livrai aux Marocains des combats de chaque jour, qui amenèrent enfin la soumission complète de ces tribus jusqu'alors indépendantes. Le pacha Abd-es-Sadoc vint au nom de l'empereur du Maroc, jusque dans mon camp, faire un traité de paix qui, pendant tout le temps que j'ai commandé à Oran, n'a pas été violé.

A l'occasion de la tranquillité que j'avais établie sur cette frontière de nos possessions algériennes, je reçus une lettre de félicitations du prince président et du maréchal de Saint-Arnaud, ministre

de la guerre, qui renfermait cette phrase : « Je
» vous félicite, mon cher général, des nouveaux
» services que vous venez de rendre à la France. »

Le général Pélissier, depuis maréchal et duc
de Malakoff, m'écrivit également pour me féliciter, en sa qualité de commandant de la province d'Oran; *de récompense, point,* et cependant
j'étais commandeur de la Légion d'honneur depuis cinq ans. Ai-je fait la moindre demande
pour moi, tandis que j'ai pu faire récompenser
tous ceux qui s'étaient distingués dans les combats sérieux qui avaient été livrés pendant ces
trois mois?

Nommé, comme général de brigade, au commandement de la province d'Oran, dont le titu-
laire devait être un général de division, je n'obtins
ce grade, le 28 décembre 1855, qu'après quatre
ans, pendant lesquels dix-huit de mes camarades,
moins anciens, devenaient généraux de division
avant moi !

Comme général de division, je fus nommé au
commandement de l'expédition de Chine, à mon
grand étonnement, et sans avoir fait la plus légère
démarche; voici dans quelles circonstances :

Je commandais la 2ᵉ division territoriale à
Rouen, lorsque je reçus une lettre du colonel
Ribourt, chef du cabinet du ministre de la guerre,
qui me demandait si j'accepterais le commande-

ment d'une expédition en Chine, dans le cas où on me l'offrirait.

J'avais entendu parler vaguement de cette expédition par les journaux, et je dois dire qu'une telle entreprise me paraissait si extraordinaire, que je croyais peu à sa réalisation.

Cependant je n'hésitai pas un moment, et avec l'entrain militaire dont je crois avoir fait preuve dans ma longue carrière, je répondis immédiatement par le télégraphe que j'accepterais si l'on me désignait.

Le lendemain même, une dépêche télégraphique me donnait l'ordre de me rendre à Compiègne, où était l'Empereur et où se trouvait le ministre de la guerre, qui me présenta à Sa Majesté.

C'était la première fois que j'avais l'honneur d'une conversation avec l'Empereur, qui, après avoir étalé une carte sur sa table, m'interrogea sur plusieurs points concernant l'expédition de Chine.

Je répondis à Sa Majesté à quelques questions, me réservant d'en étudier d'autres.

L'Empereur me dit alors de consulter le comte Kleskouski, premier secrétaire de notre légation en Chine. Ce fut pendant cette conversation avec ce fonctionnaire très-intelligent et très au courant des affaires du Céleste Empire, que je pus me former une idée de la mission que l'on voulait me confier et des difficultés qu'elle présenterait ; je m'en expliquai avec l'Empereur, qui me dit qu'il m'accorderait tout ce qui serait utile pour faire réussir l'expédition. Je fus ensuite présenté par Sa Majesté à l'Impératrice et aux personnes qui se trouvaient dans le salon, sous le titre de *commandant en chef de l'expédition de Chine* ; je n'avais jamais vu l'Impératrice, qui m'accueillit très-gracieusement.

Tout ce que j'avais demandé dans l'intérêt de cette entreprise hasardeuse me fut accordé à **Paris** ; mais une fois parti et loin, plusieurs modifications furent apportées aux promesses faites, et me suscitèrent des obstacles que je ne suis parvenu à vaincre que par ma fermeté et le concours intelligent de tous ceux qui servaient sous mes ordres.

Tout le monde connaît aujourd'hui ou à peu près les péripéties de cette expédition, à laquelle je donnerai un jour une publicité appuyée sur des documents que moi seul j'ai à ma disposition.

Je fus nommé *sénateur* et *grand-croix* à la suite de cette campagne, à six mille lieues de la France, qui pouvait à peine croire aux succès qui la couronnèrent.

L'opinion générale était que je serais nommé maréchal, il n'en fut rien ; et cependant d'autres expéditions, sans avoir eu des résultats aussi

positifs, avaient été l'objet de cette haute récompense.

Une lettre du ministre de la guerre, maréchal
Randon, écrite en entier de sa main, me la faisait cependant pressentir.

Une déception pénible eut lieu pour moi un peu
plus tard; ce fut la nomination au grade d'amiral
du vice-amiral Charner, qui avait été placé sous
mon commandement et qui n'avait pas trouvé
l'occasion d'utiliser la marine, puisque aucun combat naval n'avait eu lieu.

Me suis-je jamais plaint de l'oubli du service
que j'avais rendu au pays, et de la différence des
récompenses?

A cette époque, mon premier aide de camp, le
colonel Deschiens, attaché à ma personne depuis
dix-neuf ans, m'écrivait de Paris, où je l'avais
envoyé : « Mon général, venez à Paris, vous y
» serez reçu avec enthousiasme. »

Je lui répondis : « Mon cher colonel, vous con-
» naissez bien peu le caractère français, aujour-
» d'hui enthousiaste, demain oublieux; puisse-t-il
» ne pas m'accuser un jour des succès que j'ai eus! »

Étais-je, oui ou non, dans le vrai? La suite l'a
prouvé.

Rentré en France, je suis resté trois ans sans
être employé! Pourquoi?

Enfin, en 1864, un homme que je connaissais

peu, un homme d'un cœur droit et loyal, indigné
de l'abandon dans lequel me laissait le pouvoir,
le duc de Persigny, en parla à l'Empereur avec
cette chaleur de sentiments qu'il possède, et me
fit nommer au commandement du 2ᵉ corps d'armée
à Lille.

Quelques mois plus tard, le maréchal Magnan
étant mort, le maréchal Canrobert, qui commandait à Lyon, vint le remplacer à Paris, et sans que
j'eusse fait la plus légère démarche, le maréchal
Randon, ministre de la guerre, m'apprit que j'étais
nommé au commandement du 4ᵉ corps d'armée,
le plus important sans contredit, puisqu'il comprenait vingt-quatre départements et dix divisions
militaires.

J'espérais, à la mort du maréchal Regnaud de
Saint-Jean d'Angély, que sa vacance me serait
donnée ; bien des précédents pouvaient me confirmer dans cette espérance, car j'étais le plus ancien
général de division et le seul ayant commandé
en chef.

Il n'en fut cependant rien, et le ministre de la
guerre, le général Le Bœuf, me fut préféré.

Enfin, et malgré de certains déboires, malgré le
refus de mes services actifs pour la guerre, lorsque
je fus appelé au dernier moment dans un poste dont
j'avais voulu décliner l'honneur, dans un poste
que je voulais quitter et qui ne m'avait offert que

des périls et des ennuis, en l'acceptant avais-je
fait un acte d'homme ambitieux?

Combien il est triste de se voir juger en France
avec le sentiment des partis politiques, qui ne
tiennent pas compte des services que l'on a rendus
sans préoccupation de ces partis! Il faut avoir un
bon fonds de patriotisme pour résister à de pareilles épreuves!

FIN.

TABLE DES MATIÈRES.

www.ingramcontent.com/pod-product-compliance
Lightning Source LLC
Chambersburg PA
CBHW072001090426
42740CB00011B/2042